Sukhdayal Dhanday
Sandeep Ranjan

O desporto de fantasia e a realidade

Sukhdayal Dhanday
Sandeep Ranjan

O desporto de fantasia e a realidade

Uma abordagem analítica para criar uma provável equipa vencedora de sonho11 utilizando dados do IPL

ScienciaScripts

Imprint
Any brand names and product names mentioned in this book are subject to trademark, brand or patent protection and are trademarks or registered trademarks of their respective holders. The use of brand names, product names, common names, trade names, product descriptions etc. even without a particular marking in this work is in no way to be construed to mean that such names may be regarded as unrestricted in respect of trademark and brand protection legislation and could thus be used by anyone.

Cover image: www.ingimage.com

This book is a translation from the original published under ISBN 978-620-8-11635-4.

Publisher:
Sciencia Scripts
is a trademark of
Dodo Books Indian Ocean Ltd. and OmniScriptum S.R.L publishing group

120 High Road, East Finchley, London, N2 9ED, United Kingdom
Str. Armeneasca 28/1, office 1, Chisinau MD-2012, Republic of Moldova, Europe
Printed at: see last page
ISBN: 978-620-8-19257-0

RECONHECIMENTO

O êxito e o resultado desta investigação exigiram muita orientação e assistência de muitas pessoas e sinto-me extremamente privilegiado por tê-las recebido ao longo de todo o trabalho de investigação. Tudo o que fiz deve-se apenas a essa supervisão e assistência e não me esqueço de lhes agradecer.

Respeito e agradeço ao Dr. Sandeep Ranjan, por me ter permitido realizar o trabalho de investigação em Aprendizagem Automática e por me ter dado todo o apoio e orientação, o que me ajudou a concluir devidamente a dissertação. Estou-lhe extremamente grato por me ter dado esse apoio e orientação.

Estou grato ao Dr. Jasdeep Kaur Dhami, Diretor do CT Institute of Engineering, Management & Technology, Shahpur, Jalandhar, por apoiar o meu trabalho de investigação e a minha tese para a obtenção do grau de M-Tech (CSE). Estou grato e tenho a sorte de receber o incentivo, o apoio e a orientação constantes de todo o pessoal docente do Departamento de Informática e Engenharia do CT Institute of Engineering, Management, and Technology, Shahpur, Jalandhar, que me ajudaram no meu trabalho de investigação.

Sukhdayal Dhanday

RESUMO

No domínio dinâmico e em constante evolução do críquete, o aparecimento de plataformas de Fantasy Cricket, exemplificadas pela Dream11, anunciou uma era transformadora no envolvimento desportivo. É explorada a relação simbiótica entre o desporto tradicional do críquete e o mundo inovador do Fantasy Cricket, com especial destaque para o papel fundamental que os dados desempenham na seleção de equipas na plataforma Dream11. A importância das estatísticas Head-to-Head e dos registos do local é sublinhada, empregando uma abordagem sofisticada através da utilização do algoritmo K-Nearest Neighbors. Este algoritmo serve como uma ferramenta chave na identificação de jogadores promissores, facilitando assim a criação de um onze vencedor orientado por dados para a plataforma Dream11.

Ao navegar na intrincada intersecção do críquete, do Fantasy Cricket e da análise de dados, são fornecidas informações valiosas sobre os aspectos estratégicos da formação de equipas, lançando luz sobre a evolução do panorama do envolvimento desportivo na era digital. Neste cenário, em que a capacidade de tomar decisões estratégicas e baseadas em dados é a pedra angular do sucesso, é revelado um novo paradigma em que a tecnologia e a análise redefinem a dinâmica da participação desportiva e da interação com os adeptos. A transformação provocada pelas plataformas de Fantasy Cricket não se limita apenas ao domínio virtual, mas tem implicações tangíveis no campo, influenciando o desempenho dos jogadores e a dinâmica das equipas.

À medida que os entusiastas do desporto abraçam cada vez mais a fusão entre a jogabilidade tradicional e a análise de ponta, o futuro do envolvimento desportivo reside na integração perfeita dos processos de tomada de decisão baseados em dados. Através de uma análise exaustiva, é pintada uma imagem vívida de um cenário desportivo em que os entusiastas do críquete, munidos de conhecimentos estatísticos, se tornam participantes activos no jogo, transcendendo o papel tradicional de espetador. Na sua essência, isto significa não só um estudo sobre a correlação entre o críquete e o Fantasy Cricket, mas também um testemunho das mudanças de paradigma no envolvimento desportivo, em que os dados se tornam a força motriz por detrás das decisões estratégicas e da evolução global da experiência desportiva.

ÍNDICE DE CONTEÚDOS

LISTA DE PUBLICAÇÕES

1. Sukhdayal Dhanday e Sandeep Ranjan "Fantasy Sports Meets Reality: An Analytical Approach to Craft Probable Winning Dream11 Team Using IPL Data Insights" 5th Conferência Internacional Multitrilhos sobre Ciências, Engenharia e Inovações Técnicas - 2024, CTIEMT, Jalandhar, 81-94. ISBN 978-93-340-0984-2

CERTIFICATE

OF APPRECIATION

5TH INTERNATIONAL MULTI-TRACK CONFERENCE ON SCIENCES, ENGINEERING AND TECHNICAL INNOVATIONS

This is to certify that Sukhdayal Dhanday of CTIEMT, Jalandhar has presented paper titled Fantasy Sports Meets Reality: An Analytical Approach To Craft Probable Winning Dream11 Team Using Ipl Data Insights in 5th International Multi-Track Conference on Sciences, Engineering and Technical Innovations held on 31st Jan, 2024 organized by CT Institution of Engineering, Management and Technology, Shahpur, Jalandhar, Punjab.

Conference Chair | Convener | Organizing Secretary

Perfil Google Scholar: https://scholar.google.co.in/citations?user=w0ubcsEAAAAJ&hl=en

LISTA DE ACRÓNIMOS

KNN	K-Nearest Neighbour's
ML	Machine Learning
CPU	Central Processing Unit
FP	Fantasy Points
RAM	Random Access Memory
IDE	Integrated Development Environment

CAPÍTULO 1
INTRODUÇÃO

No dinâmico domínio do críquete, o advento das plataformas de Fantasy Cricket, exemplificadas pelo Dream11, inaugurou uma era transformadora. Esta tese navega na fascinante relação entre o Críquete e o Críquete Fantasia, lançando luz sobre a sua profunda sinergia. Centrando-se no papel fundamental dos dados na formação das decisões de gestão de equipas virtuais no Dream11, a ênfase é colocada em conjuntos de dados cruciais, como as estatísticas "Head-to-Head" e os registos de locais. Estes conjuntos de dados servem de base para fazer escolhas bem informadas na seleção de jogadores. Utilizando o algoritmo K-Nearest Neighbour, o estudo mostra o aproveitamento efetivo dos dados para identificar jogadores promissores. O objetivo final é criar uma equipa Dream11 baseada em dados, um provável 11 vencedor. Esta investigação revela a excitante intersecção entre o críquete, o Fantasy Cricket e a análise de dados, revelando a paisagem em evolução do envolvimento desportivo na era digital, em que as decisões estratégicas e baseadas em dados surgem como a pedra angular do sucesso.

1.1 INTRODUÇÃO AO CRÍQUETE

O desporto do críquete, caracterizado essencialmente pela utilização clássica de tacos de salgueiro e bolas de couro, assistiu a uma transformação significativa desde os seus humildes primórdios em Inglaterra até se tornar um fenómeno mundial [1]. Esta evolução é particularmente marcada pela introdução e ascensão do formato T20, que redefiniu o críquete com a sua jogabilidade mais curta e mais dinâmica, tornando o desporto mais acessível e cativante para um público mais vasto [2].

A chave para esta expansão global tem sido as ligas profissionais, como a Indian Premier League e a Big Bash League [3]. Estas ligas revolucionaram o panorama comercial do críquete e desempenharam um papel fundamental na sua popularização em diferentes continentes. Ao atraírem superestrelas do críquete de todo o mundo, estas ligas cultivaram extensas bases de fãs e contribuíram significativamente para a vitalidade e o apelo global do desporto. A Figura 1.1 mostra uma ilustração dinâmica de um batedor num jogo de críquete [4].

Figura 1.1 Ilustração dinâmica de um batedor num jogo de críquete.

Além disso, os avanços tecnológicos tiveram um impacto profundo no críquete. As inovações na transmissão, como a transmissão em direto de alta definição, tornaram possível aos adeptos seguirem as suas equipas favoritas a partir de qualquer parte do mundo, aumentando o envolvimento dos espectadores [5]. Além disso, a integração da análise avançada de dados no desporto começou a alterar a formação e o desempenho dos jogadores, com as equipas e os treinadores a utilizarem estratégias baseadas em dados para obterem vantagens competitivas [6].

A crescente inclusão do críquete nas diversas sociedades também tem sido fundamental [7]. À medida que o desporto ganha popularidade nos países em desenvolvimento, não só promete um reservatório de talentos inexplorados, como também se torna uma fonte de orgulho nacional e uma força unificadora entre diferentes estratos culturais e sociais [8]. Esta inclusão é crucial para o futuro do desporto, promovendo um sentido de comunidade e de pertença entre os adeptos e os jogadores.

O impacto sustentado da difusão global do críquete é ainda assegurado pela sua adaptabilidade e pelas inovações contínuas no desporto [9]. Com estes desenvolvimentos, o críquete está bem posicionado para manter o seu estatuto de potência desportiva mundial, cativando os corações das gerações futuras [10]. Esta evolução dinâmica prepara o terreno para um futuro em que o críquete continua a ser um desporto adorado e continua a crescer e a prosperar em novos mercados, assegurando o seu lugar na arena desportiva internacional nos próximos anos.

1.2 INTRODUÇÃO À LIGA PRINCIPAL INDIANA (IPL)

A Indian Premier League (IPL), inaugurada em 2008, representa uma inovação monumental no mundo do críquete, reformulando o apelo global do desporto e colocando-o na vanguarda da cultura desportiva internacional [11]. Enquanto principal competição de críquete T20, a IPL transcende as fronteiras tradicionais do desporto, misturando entretenimento de alta octanagem com intensidade competitiva. Composta por equipas franchisadas que representam várias cidades da Índia, a liga alterou drasticamente a dinâmica do críquete, atraindo jogadores internacionais de elite e fomentando rivalidades sólidas que cativam os adeptos de todo o mundo [12].

O formato do IPL, que inclui leilões estratégicos de jogadores e diversas composições de equipas, introduz uma camada complexa de estratégia que aumenta o entusiasmo da competição [13]. Estes leilões tornaram-se um ponto fulcral, onde os franchises licitam competitivamente pelos jogadores, equilibrando os pontos fortes das equipas e criando uma dinâmica que reflecte as estratégias em evolução do críquete moderno [14]. Este formato não só alimenta a vitalidade da liga, como também assegura uma infusão contínua de novos talentos, mantendo os seus elevados riscos e imprevisibilidade.

Do ponto de vista económico, o IPL teve um impacto transformador no críquete. Comercializou com êxito o desporto, obtendo receitas significativas de patrocínios, direitos de transmissão e mercadorias, que, por sua vez, impulsionaram o críquete para novos patamares económicos [15]. Este afluxo de recursos beneficiou não só os jogadores, que recebem uma remuneração substancial, mas também a infraestrutura mais vasta do críquete na Índia, contribuindo para o desenvolvimento de instalações desportivas de classe mundial e de programas de críquete de base [16].

Culturalmente, o IPL tornou-se mais do que um simples torneio de críquete; é um fenómeno que integra o desporto no tecido social da Índia [17]. O campeonato coincide com a época festiva na Índia, o que contribui para a sua celebração e aceitação como parte do calendário cultural. Reúne pessoas de todos os sectores da vida, criando um mosaico de identidades regionais e nacionais, e tornou-se uma plataforma para exprimir e promover uma identidade pan-indiana [18].

A Indian Premier League (IPL) registou um crescimento significativo nos últimos anos. Desde a sua criação, o valor da sua marca aumentou 318%, passando de cerca de 2 mil milhões de dólares para mais de 8 mil milhões de dólares [19]. O franchise detém agora um valor de marca combinado de mais de 10 mil milhões de dólares, reforçado por acordos substanciais de direitos de transmissão e esforços de expansão global. Em particular, a IPL 2023 marcou uma viragem para um ecossistema empresarial T20 global, com equipas a participarem em várias ligas T20 internacionais, reforçando ainda mais a sua presença global. A Figura 1.2 descreve o crescimento do valor da marca IPL de 2008 a 2024.

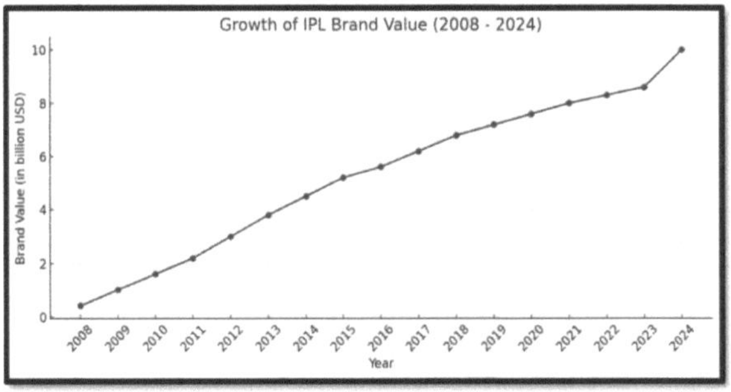

Figura 1.2 Crescimento do valor da marca IPL (2008-2024) Fonte: Gráfico gerado pelo próprio com base nos dados recolhidos

Além disso, o IPL funciona como uma plataforma vital para os talentos emergentes, proporcionando um palco global para os jovens jogadores de críquete mostrarem as suas capacidades contra alguns dos melhores do mundo [18]. Esta exposição é inestimável para o seu desenvolvimento e tem sido fundamental para a descoberta e o desenvolvimento de futuras estrelas.

1.3 INTRODUÇÃO A DREAM11

O Dream11 representa uma inovação significativa na participação desportiva, transformando a interação dos fãs de espectadores passivos em participação ativa [20]. Esta plataforma de desportos de fantasia permite que os utilizadores criem equipas virtuais a partir de uma lista de atletas reais de vários desportos, transformando efetivamente as fantasias dos adeptos numa realidade envolvente e competitiva. Os participantes selecionam o seu desporto e jogos específicos e, em seguida, montam estrategicamente uma equipa de 11 jogadores, respeitando os limites de crédito predefinidos. Este processo não só simula a gestão desportiva, como também aprofunda o envolvimento do utilizador através do planeamento e execução estratégicos. O quadro 1.1 descreve os dados do ano fiscal do Dream11 [21].

Quadro 1.1 Dados do ano fiscal da Dream11 (2015-2023)

Ano fiscal	Receitas (mil milhões de INR)	Lucro (mil milhões de INR)
ANO FISCAL DE 15	0.16	-0.01
AF16	0.25	-0.07
AF17	0.88	-0.23
ANO FISCAL DE 18	2.30	-0.65
AF19	7.75	-0.88
AF20	20.00	1.81
AF21	25.54	3.27
AF22	40.00	1.42
AF23	63.84	1.88

À medida que os jogadores nos jogos do mundo real actuam, marcam pontos que são reflectidos na liga de fantasia, afectando a posição do utilizador na tabela de classificação. O imediatismo com que os desempenhos desportivos em tempo real se reflectem nos pontos de fantasia acrescenta uma dimensão emocionante à observação de desportos ao vivo, tornando cada jogo uma aposta pessoal para os participantes. Dream11 transcende as fronteiras dos jogos tradicionais, criando uma plataforma dinâmica que combina o entusiasmo pelo desporto com um pensamento estratégico rigoroso e um conhecimento profundo do desporto [22]. A figura 1.3 descreve o crescimento da Dream11 de 2015 a 2023 [21].

Além disso, a Dream11 democratizou as apostas desportivas, tornando-as acessíveis e interessantes. Permite que os adeptos aproveitem os seus conhecimentos desportivos para competir em vários concursos com diferentes prémios, aumentando assim não só o seu envolvimento com o desporto, mas também oferecendo o potencial de recompensas monetárias [23]. A plataforma destina-se a um público vasto, desde os adeptos casuais que apreciam o desporto até aos analistas desportivos sérios que aplicam estratégias complexas para maximizar as suas hipóteses de ganhar [24].

A popularidade do Dream11 é uma prova do seu impacto na indústria do desporto [25]. Introduziu um novo modelo de envolvimento dos adeptos, em que estes não são apenas espectadores, mas participantes activos que experimentam a emoção da gestão e da competição desportivas. Esta mudança tem implicações económicas significativas, gerando receitas através de inscrições de participantes, publicidade e parcerias, contribuindo assim para a comercialização do envolvimento desportivo.

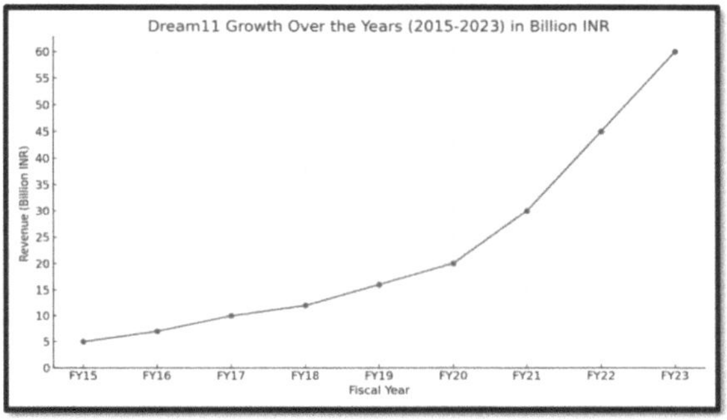

Figura 1.3 Crescimento da Dream11 ao longo dos anos (2015-2023) Fonte: Gráfico gerado pelo próprio com base nos dados recolhidos

A abordagem revolucionária da Dream11 não só melhora a essência do prazer desportivo, como também proporciona uma via única para os adeptos exibirem as suas capacidades estratégicas [26]. A plataforma encarna a transformação da paixão pelo desporto numa experiência interactiva e financeiramente gratificante, mostrando como a tecnologia moderna e os modelos empresariais inovadores estão a remodelar o panorama desportivo tradicional.

1.4 Aprendizagem automática

A aprendizagem automática engloba a conceção e o desenvolvimento de algoritmos que permitem aos computadores evoluir o seu comportamento com base em dados empíricos [27]. Como subcampo da inteligência artificial, a aprendizagem automática é fundamental numa miríade de aplicações, incluindo o reconhecimento de imagens e de voz, o processamento de linguagem natural, os sistemas de recomendação, a deteção de fraudes e a gestão de carteiras. Estas tecnologias facilitam a automatização de tarefas, melhorando a inteligência de sistemas como veículos autónomos, drones e robôs, que se adaptam continuamente aos seus ambientes. Este ramo da ciência computacional dedica-se a explorar metodologias que permitem aos programas de computador melhorar progressivamente o seu desempenho através da experiência. Conforme ilustrado na Figura 1.4, a aprendizagem automática e o seu subconjunto, a aprendizagem profunda, situam-se no domínio mais vasto da inteligência artificial [28].

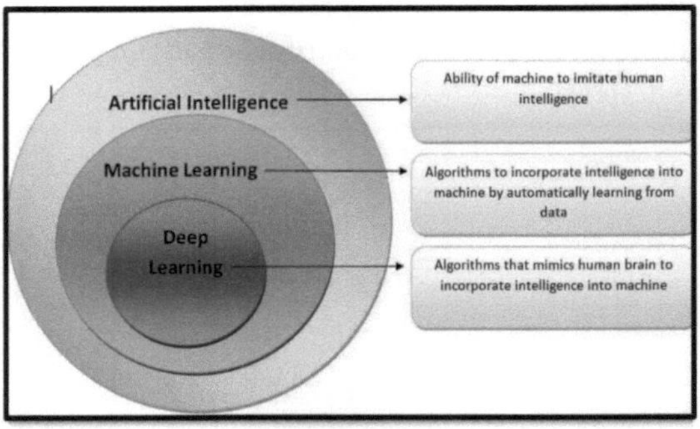

Figura 1.4 Aprendizagem automática

Aprendizagem supervisionada e não supervisionada

A aprendizagem supervisionada é um tipo de aprendizagem automática em que os modelos são treinados utilizando dados rotulados [29]. O algoritmo aprende uma função de mapeamento das entradas (x) para as saídas (y), utilizando exemplos em que a saída correta é conhecida. Este modo de aprendizagem é altamente eficaz para a modelação preditiva, em que o objetivo é prever com precisão saídas desconhecidas para novas entradas com base nos padrões aprendidos a partir dos dados de treino.

A aprendizagem não supervisionada, por outro lado, envolve a formação de modelos em dados sem rótulos explícitos. O objetivo aqui é discernir padrões ou estruturas subjacentes a partir de pontos de dados sem orientação sobre o resultado. Os algoritmos de aprendizagem não supervisionada, como o agrupamento e a associação, são fundamentais na análise exploratória de dados, na deteção de anomalias e na identificação de sistemas complexos em que as relações não são previamente conhecidas. A Figura 1.5 mostra a diferença entre aprendizagem supervisionada e não supervisionada [30]. A Tabela 1.2 descreve os tipos de aprendizagem automática e as suas aplicações [29].

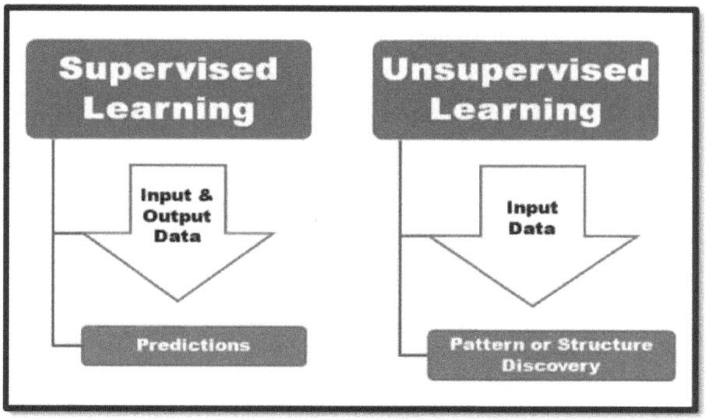

Figura 1.5 Aprendizagem supervisionada e não supervisionada

Tabela 1.2 Tipos de aprendizagem automática e respectivas áreas de aplicação

Tipo	Descrição	Áreas de aplicação
Supervisionado	Esta forma de máquina	Normalmente aplicado em tarefas de classificação
Aprendizagem	A aprendizagem implica	Como a deteção de spam e a imagem
	modelos de treino com	reconhecimento; tarefas de regressão como
	conjuntos de dados bem rotulados.	Previsões de preços e vendas de casas
	Estes modelos aprendem a	previsões; processamento de linguagem natural
	fazer previsões a partir de	tarefas, incluindo a análise de sentimentos e
	os dados de entrada.	Tradução de línguas; bem como em
		previsão financeira e avaliação de riscos.
Não supervisionado	Esta aprendizagem automática	Normalmente utilizado para agrupamento
Aprendizagem	A técnica emprega	aplicações como a segmentação de clientes
	Dados não etiquetados para	e agrupamento de imagens; deteção de anomalias
	formação, permitindo	em cenários como a identificação de fraudes
	modelos para operar	e deteção de violações de rede; bem como
	De forma autónoma, sem	Para descobrir regras de associação em
	controlo.	análise do cabaz de compras.

Algoritmo K Nearest Neighbors (KNN)

O algoritmo KNN é um método simples e não paramétrico utilizado na classificação e na regressão [31]. Prevê a saída para uma nova entrada identificando os k pontos mais próximos no conjunto de dados de treino. "K" representa o número de vizinhos mais próximos considerados no processo de votação. A métrica de distância mais comum utilizada no KNN é a distância euclidiana, embora outras métricas possam ser aplicáveis com base no contexto.

Vantagens:

1) Simples e intuitivo

2) Eficaz em grandes conjuntos de dados

3) Elevada precisão em muitos cenários

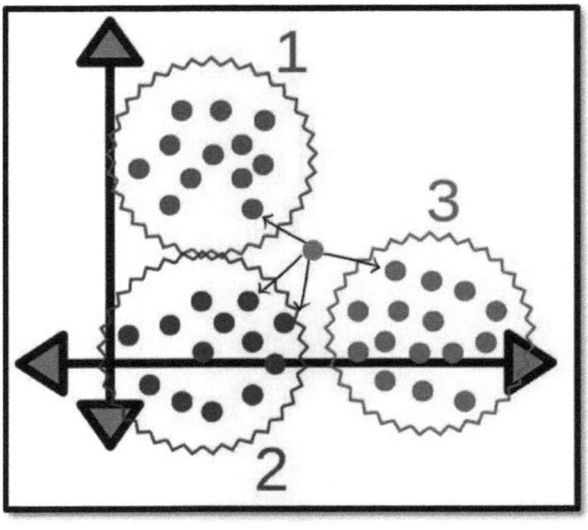

Figura 1.6 KNN (K Nearest Neighbours)

A Figura 1.6 descreve o algoritmo KNN [32]. O KNN é particularmente valorizado pela sua facilidade de compreensão e implementação, o que o torna uma escolha frequente para a aprendizagem automática introdutória e para aplicações complexas do mundo real em que a interpretabilidade é importante.

1.5 Organização da tese

A apresentação da tese foi meticulosamente organizada da seguinte forma:

Capítulo 1: Introdução

Este capítulo apresenta o fascinante mundo do Fantasy Cricket, destacando a sinergia entre a dinâmica do críquete no mundo real e a gestão de equipas virtuais em plataformas como a Dream11. Sublinha o papel fundamental da análise de dados na melhoria da tomada de decisões estratégicas nos desportos de fantasia.

Capítulo 2: Pesquisa bibliográfica

Este capítulo analisa a literatura existente sobre as plataformas de desportos de fantasia, centrando-se na sua transformação do envolvimento desportivo e no papel da análise de dados na otimização das experiências de desportos de fantasia. A análise abrange vários estudos de investigação e metodologias que contribuíram para os avanços na análise dos desportos de fantasia.

Capítulo 3: Formulação do problema

Este capítulo descreve as lacunas de investigação e os objectivos do estudo. Enfatiza a necessidade de novas abordagens na análise de dados de desportos de fantasia, particularmente para plataformas como a Dream11, abordando lacunas na literatura atual ao propor modelos e metodologias de previsão inovadores.

Capítulo 4: Metodologia e aplicação

Neste capítulo, são apresentados em pormenor os métodos utilizados para a recolha de dados, o pré-processamento e a implementação de modelos de previsão. Descreve a abordagem abrangente orientada para os dados adoptada, desde a recolha inicial de dados no Kaggle até à aplicação de algoritmos de aprendizagem automática para prever resultados no Fantasy Cricket.

Capítulo 5: Resultados e discussão

Este capítulo discute os resultados dos modelos implementados e a sua eficácia na previsão do desempenho dos jogadores na época IPL 2023. Avalia os desafios enfrentados, como a introdução de novos jogadores e regras, e a precisão dos modelos de previsão em relação aos resultados do mundo real.

Capítulo 6: Conclusão e âmbito futuro

O capítulo final conclui a investigação com os conhecimentos adquiridos e as aplicações práticas do estudo. Também descreve potenciais áreas de investigação futura, incluindo a otimização das previsões dos papéis dos jogadores e a integração de jogadores emergentes nos modelos de previsão.

CAPÍTULO 2
PESQUISA BIBLIOGRÁFICA

As plataformas de desportos de fantasia revolucionaram a forma como os fãs interagem com o desporto, convertendo a visualização passiva num jogo interativo e estratégico que espelha a dinâmica desportiva do mundo real. A Dream11, como exemplo proeminente, capitalizou esta tendência oferecendo uma experiência abrangente de cricket de fantasia que combina a gestão desportiva com a análise de dados em tempo real para aumentar o envolvimento do utilizador. Esta plataforma permite aos utilizadores criar e gerir equipas que competem com base no desempenho desportivo real, colmatando assim a lacuna entre os jogos virtuais e os eventos desportivos ao vivo.

Este estudo explora modelos estatísticos e gráficos avançados para otimizar a seleção de equipas de críquete de fantasia, em particular para a plataforma Dream11 durante a Indian Premier League (IPL) [33]. O artigo apresenta uma metodologia única que incorpora gráficos dirigidos e técnicas de otimização linear para prever os jogadores com melhor desempenho, considerando várias restrições impostas pela Dream11. Salienta a importância de compreender as funções dos jogadores e as métricas de desempenho para além das estatísticas tradicionais de batedura e lançamento, integrando factores como o posicionamento em campo e a manutenção do postigo. O modelo proposto visa melhorar as previsões da equipa de fantasia, ajustando-se dinamicamente à forma atual do jogador e a outras variáveis do jogo real, procurando prever eficazmente 70% dos jogadores da equipa de sonho. A abordagem demonstra potenciais aplicações em diferentes plataformas de desportos de fantasia e regiões geográficas, adaptando os dados subjacentes e as restrições específicas de cada contexto.

Destacando a integração da ciência dos dados e da análise em plataformas de desportos de fantasia, como a Dream11 [34], a narrativa sublinha a forma como estes métodos se estão a tornar essenciais nos processos modernos de tomada de decisões, em especial para melhorar a experiência do utilizador em aplicações relacionadas com o desporto. Além disso, o documento descreve a construção de um modelo de previsão que utiliza a biblioteca PyCaret Python, associada aos algoritmos Greedy e Knapsack. Este modelo foi especificamente concebido para propor equipas de fantasia de críquete com probabilidades de sucesso, aumentadas por apresentações visuais de dados possibilitadas pela biblioteca Python Plotly.

Analisando a fervorosa popularidade do críquete, que evoluiu para formatos envolventes como o T20 e o T10, este estudo explora o seu papel significativo na ascensão das ligas de críquete de fantasia, exemplificadas por plataformas como a Dream11 [35]. O estudo descreve a forma como a seleção de uma equipa de fantasia é um equilíbrio intrincado de habilidade, estratégia e sorte, sublinhando os desafios inerentes à previsão dos vencedores do concurso com base apenas em dados históricos. O estudo avalia a eficácia de uma rede neural profunda (DNN) na previsão dos três principais vencedores de concursos de fantasia de críquete e compara o seu desempenho com modelos tradicionais de aprendizagem automática, como k-vizinhos mais próximos (KNN), regressão logística (LR), Naive Bayes (NB), floresta aleatória (RF) e máquinas de vectores de suporte (SVM). Os resultados demonstram que o modelo DNN ultrapassa estas abordagens tradicionais, oferecendo previsões mais precisas e afirmando o valor das técnicas avançadas de aprendizagem automática neste domínio.

Salientando o papel crítico da composição da equipa, a análise mostra a importância de incluir uma mistura de batedores, lançadores e jogadores polivalentes para reforçar a dinâmica da equipa [36]. Entre os vários modelos avaliados, a Regressão Linear emergiu como o mais eficaz, alcançando o Erro Quadrático Médio (RMSE) mais baixo e demonstrando assim uma maior precisão na previsão do desempenho da equipa. Este método melhora a literatura sobre análise desportiva ao integrar modelos preditivos sofisticados para otimizar as selecções de equipas de críquete e fornece informações úteis aos gestores de equipas. Estas estratégias baseadas em dados podem conduzir a melhores resultados em jogos competitivos.

A narrativa explora o papel fundamental da análise de dados no críquete, em particular na Indian Premier League (IPL) [37]. Sublinha as complexidades envolvidas na seleção dos 11 melhores jogadores de um plantel mais vasto, uma escolha que afecta de forma crítica o desempenho de uma equipa e as suas perspectivas de vitória. A discussão estende-se a várias métricas estatísticas, tais como corridas marcadas, corridas concedidas, taxa de strike e bolas lançadas. Além disso, o inquérito avalia vários modelos de previsão, incluindo XGBoost, Regressão Linear e Random Forest. Em particular, a Regressão Linear foi destacada pelo seu desempenho superior na redução da Raiz do Erro Quadrático Médio (RMSE), sublinhando a sua eficácia na constituição de uma equipa completa composta por batedores, lançadores e jogadores polivalentes.

O exame analisa a utilização da aprendizagem automática para prever resultados na Indian Premier League (IPL) [38]. Este estudo capta a grande popularidade da liga e o seu valor financeiro significativo, sublinhado pela sua audiência global e extensa cobertura mediática. Discute a forma como a análise desportiva abraçou os avanços tecnológicos, utilizando ferramentas como o NumPy e a regressão logística para prever os resultados dos jogos com uma precisão de aproximadamente 70%. Além disso, a discussão propõe melhorias na engenharia de caraterísticas e a adição de mais fontes de dados para melhorar a precisão das previsões. A análise também aborda a aplicação de Máquinas de Vectores de Suporte (SVM) para prever o desempenho dos jogadores, mostrando a vasta gama de utilidade da aprendizagem automática na análise desportiva.

A análise apresenta uma visão abrangente do trabalho académico em torno dos desportos de fantasia, destacando várias definições e quadros conceptuais [39]. Incorpora as principais conclusões de contribuições significativas como as de Mahan & McDaniel (2006) e Holleman (2006), que foram fundamentais para delinear a natureza e a trajetória dos desportos de fantasia. Esta análise explora ainda as razões pelas quais as pessoas participam nos desportos de fantasia, explorando conceitos de entretenimento, escape e interação social, proporcionando uma compreensão mais profunda das motivações dos utilizadores neste domínio.

A narrativa sobre a dinâmica emergente do críquete de fantasia coloca uma forte ênfase na influência da habilidade e do conhecimento profundo do jogo, em vez de depender apenas da sorte [40]. Afirma que o sucesso no críquete de fantasia depende predominantemente do planeamento estratégico e de um conhecimento profundo do desporto. A análise baseia-se na autoridade narrativa do autor, que se baseia em provas empíricas recolhidas através da participação ativa em concursos de críquete de fantasia, demonstrando que o envolvimento e as abordagens tácticas são essenciais para a vitória. A discussão aponta também para a necessidade de futuras inovações no críquete de fantasia incorporarem elementos de jogo mais subjectivos, como decisões de capitania e factores subtis de desempenho dos jogadores, para enriquecer ainda mais o envolvimento dos jogadores e a participação global dos adeptos.

Explorando a dinâmica do envolvimento dos adeptos nos desportos de fantasia, o estudo esclarece como a participação aumenta a ligação de uma pessoa às suas equipas desportivas de fantasia e do mundo real [41]. Esta ligação reforçada aumenta significativamente o consumo dos meios de comunicação social e a participação em jogos de azar relacionados com o desporto. A investigação conclui que os factores motivacionais no críquete de fantasia (FCMFs) aumentam diretamente o apego dos participantes às suas equipas de fantasia, o que, por sua vez, alimenta o seu zelo competitivo. Esta ligação é identificada como um mediador que aumenta os seus comportamentos de consumo tanto nos meios de comunicação como nos jogos de azar. Com base nestas conclusões, o estudo apresenta recomendações para as plataformas de desportos de fantasia, especialmente as que se destinam ao público indiano de críquete, no sentido de formularem políticas que aumentem o envolvimento e a satisfação dos utilizadores.

A utilização de plataformas de redes sociais como o WhatsApp durante as crises é destacada através da lente de um grupo de fantasia de críquete que se transformou num canal fundamental de apoio mútuo e partilha de informações à medida que a pandemia se desenrolava [42]. Através da investigação etnográfica e de entrevistas aprofundadas, o estudo revela os métodos utilizados pelos membros do grupo para selecionar, moderar e divulgar informações cruciais sobre saúde. Esta atividade transformou efetivamente o grupo numa tábua de salvação vital em tempos de profunda incerteza. Estas transformações ilustram a capacidade das plataformas dos meios de comunicação social para actuarem como redes de apoio reactivas e adaptáveis durante as crises, especialmente em regiões como o Sul Global, onde o acesso aos recursos é frequentemente limitado.

A adaptação da expetativa pitagórica, uma metodologia tradicionalmente aplicada em vários desportos, à estrutura de jogo caraterística do críquete é fundamental para um estudo que visa prever o desempenho das equipas do IPL através da análise estatística [43]. O artigo emprega técnicas estatísticas avançadas, incluindo o operador de seleção e redução mínima absoluta (LASSO) e a regressão por etapas, para melhorar o modelo de previsão. Esta abordagem refinada não só acomoda variáveis específicas da IPL e dados históricos, como também oferece uma estimativa mais precisa da percentagem de vitórias de uma equipa, alargando assim a aplicabilidade do modelo a contextos para além dos desportos tradicionais.

Centrando-se no impacto financeiro da Indian Premier League (IPL) e na procura competitiva de jogadores, um estudo investiga a forma como as técnicas de aprendizagem automática podem prever os resultados da IPL, dando ênfase ao desempenho dos jogadores e às estatísticas dos jogos [44]. Utilizando a regressão logística, a análise considera variáveis como a força da equipa, a forma dos jogadores, o local do jogo e a probabilidade de empate para prever os resultados dos jogos. Os resultados ilustram o potencial das abordagens baseadas em dados para aperfeiçoar as previsões desportivas, especialmente no críquete, um campo rico em dados estatísticos prontos para uma análise abrangente.

O impacto transformador dos desportos de fantasia na participação dos adeptos é sublinhado numa análise exaustiva que se centra na forma como estas plataformas, em especial no críquete e no futebol, dão poder aos adeptos, envolvendo-os no papel de gestores de equipa [45]. Esta participação ativa aprofunda a compreensão dos adeptos e aumenta a sua satisfação com o desporto. O inquérito refere igualmente que as inovações tecnológicas, especialmente as aplicações móveis, alargaram a participação global, transformando os desportos de fantasia num importante pilar cultural e comercial da indústria do desporto. Além disso, reflecte sobre a forma como estas plataformas fomentam o pensamento estratégico e promovem a interação social entre os adeptos de todo o mundo.

Destacando os componentes estratégicos essenciais para o sucesso nos desportos de fantasia IPL, a discussão aponta para a importância de uma seleção meticulosa dos jogadores, analisando a forma dos jogadores e os próximos jogos, e as decisões fundamentais relativas às escolhas do capitão e do vice-capitão que podem influenciar drasticamente as pontuações gerais [46]. A narrativa sublinha ainda a necessidade de os participantes se manterem a par das notícias da equipa e do desempenho dos jogadores, utilizarem criteriosamente as transferências e compreenderem bem o sistema de pontuação para optimizarem o desempenho da equipa. Estas estratégias, baseadas na necessidade de planeamento estratégico e de um conhecimento profundo do críquete, ilustram métodos através dos quais os participantes podem aumentar as suas taxas de sucesso no campo competitivo dos desportos de fantasia IPL.

Centrando-se na aplicação da programação de números inteiros para melhorar as composições das equipas de fantasia ao longo de um torneio, a análise pormenoriza a forma como este método se adapta às flutuações do desempenho dos jogadores e a outros factores de mudança [47]. A discussão defende uma abordagem mais estratégica e baseada em dados nos desportos de fantasia, sugerindo que tais metodologias poderiam melhorar significativamente o envolvimento dos participantes e as suas capacidades de tomada de decisões. Demonstrado através de uma simulação de um torneio de críquete Twenty20, o modelo fornece um quadro robusto para os participantes aperfeiçoarem as suas selecções de equipas, em consonância com um sistema de pontuação que enfatiza a recompensa do desempenho contínuo dos jogadores. A eficácia de diferentes métodos computacionais, como a programação inteira, os modelos de aprendizagem automática e a análise da envolvente dos dados para melhorar as selecções das equipas de fantasia constitui o cerne deste estudo [48]. Através da simulação de cenários de ligas de fantasia, avalia-se a precisão destas técnicas num ambiente controlado, utilizando a acumulação de pontos com base nas regras de pontuação da liga como medida de sucesso. Estes métodos não só fornecem informações essenciais para os entusiastas dos desportos de fantasia, como também oferecem ferramentas práticas para melhorar a tomada de decisões na seleção de equipas. O objetivo é maximizar os pontos e obter uma vantagem competitiva no jogo da liga. Esta tese investiga estas estratégias computacionais para avaliar a sua aplicabilidade prática e eficácia nas ligas de críquete de fantasia. Para dar resposta aos desafios frequentemente enfrentados pelos principiantes nos desportos de fantasia, que normalmente contam com a sorte para selecionar as equipas, esta abordagem utiliza algoritmos sofisticados de aprendizagem automática, como o XGBoost, o CatBoost e o Random Forest [49]. Estes métodos supervisionados de gradiente-boost avaliam uma miríade de factores que influenciam os resultados dos jogos. Reforçado por uma grande quantidade de dados históricos e actualizações em direto de fontes como a ESPN Cricinfo, o modelo visa fazer previsões bem informadas. Esta estratégia foi concebida para melhorar a precisão da seleção das composições das equipas, conduzindo potencialmente a resultados mais bem sucedidos nos jogos IPL.

Introduzindo uma estrutura de ponta para a avaliação de jogadores de críquete, esta análise combina eficiência, consistência e importância estratégica num índice de desempenho unificado [50]. A abordagem utiliza um modelo modificado de Análise de Envoltória de Dados (DEA) de super-eficiência que ultrapassa os métodos tradicionais, suportando um grupo maior de jogadores eficientes e aumentando a robustez das avaliações. Apresenta também um novo índice de consistência que utiliza um método de semi-variância, divergindo das práticas padrão ao empregar um quadro de referência uniforme que reforça a fiabilidade das avaliações de consistência. Além disso, a integração da entropia de Shannon para combinar vários índices e o inovador "índice de valor" oferece uma visão abrangente das contribuições de um jogador, capturando o desempenho e os níveis de aptidão subjacentes. Esta metodologia avançada melhora significativamente as técnicas anteriores, proporcionando uma visão mais profunda aos entusiastas dos desportos de fantasia e aos gestores de equipas profissionais nos seus processos de seleção de jogadores. A evolução do jogo tradicional para modelos que incorporam elementos de jogo, em especial nas ligas de desportos de fantasia, é examinada à luz do papel combinado da habilidade e do acaso que afectam os resultados [51]. Esta mudança deu origem a uma mistura de preocupações éticas e jurídicas, uma vez que plataformas como a Dream11 se dedicam a jogos a dinheiro real apresentados como concursos baseados na perícia. A narrativa analisa a forma como os avanços tecnológicos moldaram o comportamento dos consumidores, aumentando o acesso a caraterísticas semelhantes às do jogo através de plataformas digitais e explorando as consequências sociais de tais mudanças. Esta mudança é analisada tendo como pano de fundo os quadros regulamentares que são desafiados a adaptar-se aos rápidos avanços digitais, com impacto no funcionamento e na perceção social destas plataformas. Para além do enfoque convencional nas métricas de batedura e lançamento, é introduzido um novo modelo de aprendizagem automática para avaliar um espetro mais vasto de competências no críquete, incluindo o lançamento em campo e a manutenção do postigo [52]. Este modelo também tem em conta factores contextuais influentes, como as condições do campo e o clima, que são cruciais para determinar os resultados dos jogos. Ao oferecer uma avaliação mais abrangente dos contributos dos jogadores, o modelo ajuda os utilizadores de desportos de fantasia em plataformas como a Dream11 a tomar decisões mais informadas, com o objetivo final de maximizar o seu potencial de pontuação. Este avanço na metodologia realça a capacidade crescente da aprendizagem automática para fornecer análises detalhadas e sensíveis ao contexto na análise desportiva, ultrapassando as limitações dos métodos estatísticos tradicionais. Explorando a interação entre a incerteza dos resultados e o equilíbrio competitivo, esta análise realça a influência das caraterísticas específicas do desporto, como as taxas de pontuação e as regras, na previsibilidade dos resultados dos jogos [53]. Esta análise considera que a probabilidade de prever resultados é determinada não só pelas competências relativas dos adversários, mas também pela forma como a pontuação é estruturada em cada desporto. Por exemplo, o futebol caracteriza-se por baixas taxas de pontuação, ao passo que no netball as pontuações são frequentes. A discussão estende-se à forma como estas diferenças na frequência de pontuação e no equilíbrio competitivo contribuem para a imprevisibilidade dos resultados dos jogos, ilustrando que mesmo os desportos com pontuações pouco frequentes podem sofrer uma incerteza significativa nos resultados se houver desequilíbrios competitivos notáveis entre as equipas. Esta exploração pormenorizada estabelece uma base para considerações de política desportiva e potenciais reformas do sistema de pontuação destinadas a melhorar a equidade e a emoção das competições desportivas, oferecendo um quadro valioso para compreender como vários factores, o acaso e as regras estruturais interagem na dinâmica dos desportos de competição.

Quadro 2.1 Panorama da literatura

Título do estudo	Autores	Ano	Principais conclusões	Metodologia
Ciência de dados	P. HV C.	2022	Desenvolveu um sistema de previsão	Utilizou PyCaret, Greedy,
Abordagem para prever	Nandini		Modelo utilizando PyCaret	E mochila
a fantasia vencedora	et al.		e uma combinação de	algoritmos, suportados
Equipa de críquete			Greedy e Knapsack	através de informações visuais de
			algoritmos.	a biblioteca Plotly.
Análise e	K.	2021	A DNN teve um desempenho superior	Utilizou a tecnologia neural profunda
previsão de fantasia	Karthik		modelos tradicionais de ML	Redes (DNN) e
concurso de críquete	G.S.		como KNN, LR, NB, RF,	Comparado com
vencedoresutilizando	Krishnan		e SVM na previsão de	modelos tradicionais de ML.
Aprendizagem automática	et al.		concurso de fantasia de críquete	
técnicas			vencedores.	
O impacto da	J. S. Rai	2023	Fantasyricket	Explorou o
FantasyCricket	M.N.		aumenta a ligação com	Relação entre
Factores motivacionais			equipas, influenciar	ligação à equipa de fantasia
Sobre o comportamento dos participantes em relação aos media e ao consumo de jogos de azar	Itani et al.		consumo dos media e comportamento de jogo.	E os comportamentos de consumo.
Seleção ideal da equipa IPL Playing 11	N. Ravichan dran N. Chengappa et al.	2023	A regressão linear foi a melhor na minimização do RMSE para selecionar o melhor jogo de IPL 11.	Analisou vários factores estatísticos e modelos preditivos como o XGBoost e a Regressão Linear.
Cálculo do esperado percentagem de vitórias de uma equipa da Primeira Liga Indiana	B. Hoskins	2024	Introduziu a expetativa pitagórica adaptada ao críquete, melhorada com LASSO e stepwise regressão.	Utilizou técnicas estatísticas avançadas para prever a equipa desempenho.

Análise e Previsões do Índio Vencedor Jogo da Premier League utilizando um algoritmo de aprendizagem automática	P. Nirmala Gogoi et al.	2023	Regressão logística utilizada para prever os resultados dos jogos IPL com base em vários factores de desempenho.	Análise de regressão logística das estatísticas dos jogadores e dos jogos.
Análise e previsão de dados IPL utilizando a aprendizagem automática	V. Joshi Y. Padol et al.	2023	Previu os resultados do jogo com cerca de 70% de precisão utilizando regressão logística e NumPy.	Aprendizagem automática integrada com análise desportiva, utilizando regressão logística e NumPy.
Previsão de melhor equipa baseada em aprendizagem automática IPL Fantasy Cricket Dream11	M. Balpande K. Mahajan et al.	2024	ML avançado Algoritmos como XGBoost, CatBoost e Random Forest são utilizados para prever as melhores composições de equipas.	Utilizou métodos supervisionados de aumento do gradiente e analisou dados históricos e actualizações em tempo real.
Uma inovadora super-eficiência DEA, semi-variância, e Shannon-entropia-metodologia baseada na seleção de jogadores	A. Adhikari A. Majumdar et al.	2020	Desenvolveu um índice abrangente para a avaliação do desempenho dos jogadores utilizando modelos DEA avançados.	Utilizou a DEA de super-eficiência, a semi-variância e a entropia de Shannon para avaliar o desempenho dos jogadores.
Recomendação da equipa Dream11 IPL utilizando Aprendizagem automática e classificação de jogadores com base em competências	S. ChoudhariN . Wagholikar et al.	2022	Melhoria das recomendações para as equipas, incorporando o posicionamento em campo e a manutenção do postigo nas avaliações dos jogadores.	Desenvolveu um modelo sofisticado de aprendizagem automática que tem em conta uma vasta gama de competências e condições de correspondência.

CAPÍTULO 3
FORMULAÇÃO DE PROBLEMAS

3.1 Lacuna de investigação

No domínio dinâmico dos desportos de fantasia, a necessidade de inovar e adaptar metodologias analíticas é crucial para acompanhar a evolução da mecânica do jogo e das estratégias de envolvimento dos jogadores. À medida que as plataformas de desportos de fantasia, como a Dream11, continuam a aperfeiçoar e a introduzir novos elementos nos seus sistemas, surge um conjunto distinto de lacunas de investigação. Estas lacunas, descritas abaixo, apresentam oportunidades para explorar novas dimensões da análise desportiva, com o objetivo de melhorar a precisão e a profundidade estratégica da participação nos desportos de fantasia. Ao abordar estas lacunas de investigação, é possível promover uma compreensão mais profunda das modernas plataformas de desportos de fantasia, melhorando assim os processos de tomada de decisões tanto para os entusiastas como para os analistas.

Lacuna 1: Exploração de novos sistemas de pontos de fantasia

A investigação existente tem-se centrado predominantemente nos sistemas de pontuação tradicionais, sem acompanhar as inovações das plataformas de desportos de fantasia. A Dream11, por exemplo, implementou um novo sistema de pontos de fantasia que tem um impacto significativo na estratégia de jogo e na seleção dos jogadores. A sua investigação tem como objetivo dissecar estes novos sistemas de pontuação para compreender como diferem dos tradicionais e as suas implicações para a avaliação do desempenho dos jogadores. Ao examinar estes sistemas em evolução, o seu estudo poderá oferecer novas perspectivas sobre estratégias eficazes, influenciando potencialmente a forma como os entusiastas abordam a composição da equipa e a seleção de competições.

Lacuna 2: Ênfase nos pontos de fantasia como métrica central

Embora a análise desportiva tradicional se tenha centrado nas métricas convencionais, como as médias de rebatidas e de lançamentos, existe uma necessidade crescente de passar a considerar os pontos de fantasia como a principal métrica analítica na investigação dos desportos de fantasia. Esta mudança reconhece que a pontuação dos desportos de fantasia engloba uma gama mais ampla de capacidades e contribuições dos jogadores do que as métricas tradicionais. Ao centrar-se nos pontos de fantasia, a sua investigação promete fornecer uma análise mais matizada que se alinha de perto com os objectivos dos participantes nos desportos de fantasia e as suas pontuações. Esta abordagem poderia redefinir as estratégias analíticas no domínio dos desportos de fantasia, garantindo que as análises são mais relevantes e aplicáveis ao jogo e à pontuação reais.

Lacuna 3: Análise comparativa exaustiva de batedores e lançadores

As análises históricas na análise do críquete têm sido muitas vezes isoladas, centrando-se nos batedores ou nos lançadores, o que não reflecte a natureza integrada da tomada de decisões exigida nos desportos de fantasia. Este enfoque unilateral pode distorcer as avaliações dos jogadores e as decisões estratégicas. O seu estudo propõe uma análise comparativa que avalia tanto os batedores como os lançadores através da lente dos pontos de fantasia, com o objetivo de equilibrar a avaliação das contribuições dos jogadores em diferentes facetas do jogo. Esta abordagem holística permitiria uma compreensão mais abrangente dos valores dos jogadores e poderia levar ao desenvolvimento de estratégias mais sofisticadas para a composição de equipas de fantasia.

3.2 Objectivos

No domínio florescente da análise dos desportos de fantasia, em particular no contexto de plataformas como a Dream11, a investigação procura promover a compreensão e a aplicação de estratégias baseadas em dados. Como a popularidade do críquete de fantasia continua a aumentar, impulsionada pela Indian Premier League (IPL), existe uma necessidade premente de melhorar as ferramentas analíticas que os entusiastas e os participantes utilizam para tomar decisões informadas. Este estudo visa colmatar as lacunas existentes na literatura, introduzindo metodologias inovadoras e uma análise de dados abrangente, adaptada ao panorama dinâmico e em evolução dos desportos de fantasia. Seguem-se os principais objectivos da investigação:

1. **Estudo dos modelos existentes para prever a melhor equipa de jogadores para maximizar** o lucro - Investigar e analisar os modelos preditivos existentes que determinam a melhor equipa de jogadores com o objetivo de maximizar o lucro.

2. **Identificar caraterísticas para uma melhor análise do desempenho dos jogadores e desenvolver um modelo de previsão para uma equipa virtual de jogadores** - Identificar as principais caraterísticas que melhoram a análise do desempenho dos jogadores e desenvolver um modelo de previsão para selecionar uma equipa virtual de jogadores. Isto inclui o desenvolvimento e a validação das caraterísticas "Média de Pontos de Fantasia do Local (por Inícios de Batimento)" e "Média de Pontos de Fantasia da Equipa Adversária" para análise preditiva.
3. **Validar o desempenho do modelo proposto** - Validar o desempenho do modelo preditivo proposto usando o algoritmo K-Nearest Neighbor. O modelo avaliará factores como os pontos de fantasia do jogador, a média de pontos de fantasia do local (por turno de jogo) e a média de pontos de fantasia da equipa adversária para otimizar o processo de seleção da equipa.

Estes objectivos visam, coletivamente, melhorar a compreensão e a eficácia da análise dos desportos de fantasia, em especial no contexto do IPL e da plataforma Dream11. A investigação está posicionada para preencher lacunas significativas na literatura existente, fornecendo estratégias e conhecimentos actualizados sobre os desportos de fantasia, tirando partido de novas técnicas baseadas em dados e modelos analíticos.

CAPÍTULO 4
METODOLOGIA E APLICAÇÃO

4.1 Metodologia de investigação

Refere-se ao processo ou abordagem sistemática utilizada pelos investigadores para efetuar um estudo, recolher dados, analisar informações e tirar conclusões. Engloba o quadro, os métodos, as técnicas e os procedimentos utilizados para abordar eficazmente os objectivos da investigação. A metodologia de investigação é considerada um ponto importante durante a realização da investigação, que garante que o estudo é efectuado de forma estruturada. Para a investigação, foram utilizadas a linguagem de programação Python e o Jupyter Notebook, uma aplicação Web de fonte aberta que permite criar e partilhar documentos que contêm código em tempo real, equações, visualizações e texto narrativo. Python é uma linguagem de programação conhecida pela sua simplicidade e versatilidade, enquanto o Jupyter Notebook proporciona um ambiente prático e interativo para escrever e executar código Python. Seguem-se algumas bibliotecas Python utilizadas no código.

Os componentes da metodologia de investigação incluem:

4.1.1 Recolha de dados

O conjunto de dados primário foi obtido no Kaggle, uma plataforma famosa pelo seu rico repositório de conjuntos de dados de alta qualidade. O conjunto de dados é composto por três ficheiros principais: "Batting Card", "Bowling Card" e "Ball by Ball Data". Estes ficheiros fornecem dados abrangentes da IPL, incluindo calendários de épocas, detalhes dos jogos, informações sobre as equipas e desempenhos individuais dos jogadores. A natureza orientada para a comunidade da plataforma garantiu a integridade e fiabilidade dos dados, permitindo-nos aplicar ferramentas avançadas de ciência de dados para extração, processamento e análise. Esta abordagem garantiu que a investigação fosse sustentada por dados precisos e relevantes.

Cartão de Batedores de Todas as Épocas: Este ficheiro englobava estatísticas vitais de rebatidas jogo a jogo, abrangendo várias épocas IPL. Incluía colunas como a época, match_id, match_name, home_team, away_team, local e métricas de jogadores individuais como runs, ballsFaced, fours, sixes e strikeRate. Estes dados permitiram-nos avaliar o desempenho dos batedores em condições de jogo e turnos variados, lançando as bases para modelos de previsão na análise de desportos de fantasia. A Figura 4.1 mostra a forma e as colunas do conjunto de dados de batedores original. A Tabela 4.1 apresenta a descrição do conjunto de dados de batedores original.

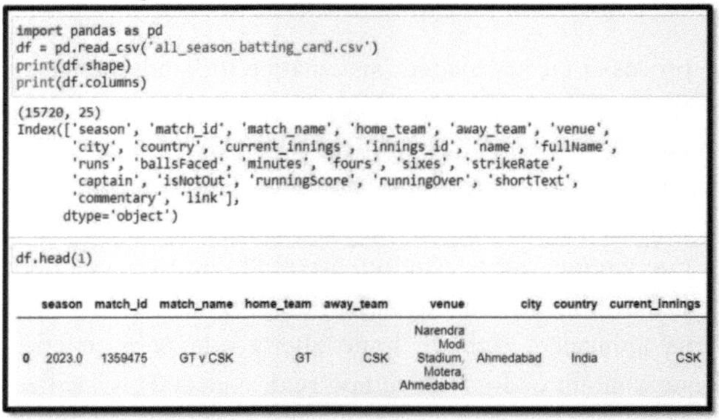

Figura 4.1 Exploração inicial de dados de rebatidas Fonte: Código do Jupyter Notebook gerado pelo próprio utilizador

Tabela 4.1 Descrição do conjunto de dados do conjunto original de dados de batimentos

Nome da coluna	Descrição
estação	O ano da época do críquete.
match_id	Identificador único para a correspondência.
nome_do_correspo ndente	Nome do jogo.
equipa inicial	A equipa da casa no jogo.
equipa visitante	É a equipa visitante no jogo.
local	Local onde o jogo é disputado.
Cidade	Cidade onde o jogo é disputado.
país	País onde o jogo é disputado.
inícios_actuais	A equipa está atualmente a bater.
turno_id	Identificador para as entradas.
sobre	O saldo atual do jogo.
bola	A bola atual está no fim.
batedor_id	Identificador do batedor.
nome do batedor	Nome do batedor.
ID do jogador	Identificador do lançador.
nome do jogador	Nome do lançador.
corridas_fora_bate	As corridas foram marcadas com esta bola.
extras	São dados extras nesta bola.
total_runs	Total de runs marcados com esta bola.
passeios	Margens concedidas nesta bola.
não_bolas	Não foram dadas bolas nesta bola.

adeus	Foi dado um bye nesta bola.
perninhas	Foram dados leg byes nesta bola.
pena	Foram assinaladas corridas de penálti nesta bola.
despedimento	Tipo de despedimento.
jogador_dispensado	Nome do jogador despedido.
quatro	O batedor fez vários fours.
seis	O batedor fez vários "sixes".
taxa de greve	Taxa de batida do batedor.
Capitão	Indica se o jogador é o capitão.
não está fora	Indica se o batedor não está fora.
pontuação contínua	A pontuação atual em curso.
atropelamento	A corrente a transbordar.
texto curto	Comentário de texto curto.
comentário	Comentário pormenorizado.
ligação	Ligação para comentários pormenorizados ou grelha de avaliação.

Cartão de Bowling de Todas as Estações: Este conjunto de dados incluía colunas chave como a época, match_id, home_team, away_team, local e estatísticas detalhadas de bowling como overs, maidens, concedidas, wickets e taxa económica, juntamente com extras como wides e no balls. Estes dados abrangentes permitiram-nos analisar estratégias e eficiências de lançamento em diferentes jogos e condições, oferecendo uma perspetiva valiosa para a análise preditiva no domínio dos desportos de fantasia. A Figura 4.2 mostra a forma e as colunas do conjunto de dados de bowling original. A Tabela 4.2 mostra a descrição do conjunto de dados do bowling original.

```
import pandas as pd
df = pd.read_csv('all_season_bowling_card.csv')
print(df.shape)
print(df.columns)

(12121, 24)
Index(['season', 'match_id', 'match_name', 'home_team', 'away_team',
       'bowling_team', 'venue', 'city', 'country', 'innings_id', 'name',
       'fullName', 'overs', 'maidens', 'conceded', 'wickets', 'economyRate',
       'dots', 'foursConceded', 'sixesConceded', 'wides', 'noballs', 'captain',
       'href'],
      dtype='object')
```

Figura 4.2 Exploração inicial dos dados do bowling Fonte: Código do Jupyter Notebook gerado pelo próprio utilizador

Tabela 4.2 Descrição do conjunto de dados do Bowling original

Nome da coluna	Descrição
id_bola	Identificador único para cada bola lançada.
estação	O ano da época do críquete.
match_id	Identificador único para a correspondência.
nome_do_correspo	Nome do jogo.

ndente	
equipa inicial	A equipa da casa no jogo.
equipa visitante	É a equipa visitante no jogo.
inícios_actuais	A equipa está atualmente a bater.
turno_id	Identificador para as entradas.
sobre	O saldo atual do jogo.
bola	A bola atual está no fim.
ID do jogador	Identificador do lançador.
nome do jogador	Nome do lançador.
corridas_fora_bate	As corridas foram marcadas com esta bola.
extras	São dados extras nesta bola.
total_runs	Total de runs marcados com esta bola.
passeios	Margens concedidas nesta bola.
não_bolas	Não foram dadas bolas nesta bola.
adeus	Foi dado um bye nesta bola.
perninhas	Foram dados leg byes nesta bola.
pena	Foram assinaladas corridas de penálti nesta bola.
despedimento	Tipo de despedimento.
jogador_dispensad o	Nome do jogador despedido.
quatro	O batedor fez vários fours.
seis	O batedor fez vários "sixes".
taxa de greve	Taxa de batida do batedor.
Capitão	Indica se o jogador é o capitão.
não está fora	Indica se o batedor não está fora.
resultado corrente	A pontuação atual em curso.
atropelamento	A corrente a transbordar.
texto curto	Comentário de texto curto.
comentário	Comentário pormenorizado.
ligação	Ligação para comentários pormenorizados ou grelha de avaliação.

Detalhes de todas as épocas (bola a bola): Este conjunto de dados, que engloba uma vasta gama de métricas, incluindo época, match_id, home_team, away_team, current_innings, innings_id, bem como informações detalhadas sobre a entrega, tais como over, ball, runs, e especificidades de eventos como isBoundary, isWide, isNoball, facilitou uma análise minuciosa das progressões dos jogos. A utilização deste conjunto de dados permitiu-nos aprofundar as subtilezas de cada jogo, revelando padrões e conhecimentos essenciais para prever o desempenho dos jogadores e os resultados dos jogos no estudo. A Figura 4.3 mostra a forma e as colunas do conjunto de dados bola a bola original. A Tabela 4.3 apresenta a descrição do conjunto de dados original de pormenores de todas as épocas.

```
import pandas as pd
df = pd.read_csv('all_season_details(ballbyball).csv')
print(df.shape)
print(df.columns)

(242550, 45)
Index(['comment_id', 'season', 'match_id', 'match_name', 'home_team',
       'away_team', 'current_innings', 'innings_id', 'over', 'ball', 'runs',
       'shortText', 'isBoundary', 'isWide', 'isNoball', 'batsman1_id',
       'batsman1_name', 'batsman1_runs', 'batsman1_balls', 'bowler1_id',
       'bowler1_name', 'bowler1_overs', 'bowler1_maidens', 'bowler1_runs',
       'bowler1_wkts', 'batsman2_id', 'batsman2_name', 'batsman2_runs',
       'batsman2_balls', 'bowler2_id', 'bowler2_name', 'bowler2_overs',
       'bowler2_maidens', 'bowler2_runs', 'bowler2_wkts', 'wicket_id',
       'wkt_batsman_name', 'wkt_bowler_name', 'wkt_batsman_runs',
       'wkt_batsman_balls', 'wkt_text', 'isRetiredHurt', 'text', 'preText',
       'postText'],
      dtype='object')
```

Figura 4.3 Exploração inicial de dados de detalhes de todas as estações Fonte: Código do Jupyter Notebook gerado pelo próprio utilizador

Tabela 4.3 Descrição do conjunto de dados do conjunto de dados original "All Season Details

Nome da coluna	Descrição
estação	O ano da época do críquete.
match_id	Identificador único para a correspondência.
nome_do_corresponden te	Nome do jogo.
equipa inicial	A equipa da casa no jogo.
equipa visitante	É a equipa visitante no jogo.
local	Local onde o jogo é disputado.
Cidade	Cidade onde o jogo é disputado.
país	País onde o jogo é disputado.
inícios_actuais	A equipa está atualmente a bater.
innings_id	Identificador para as entradas.
sobre	O saldo atual do jogo.
bola	A bola atual está no fim.
batedor_id	Identificador do batedor.
nome do batedor	Nome do batedor.
ID do jogador	Identificador do lançador.
nome do jogador	Nome do lançador.
corridas_fora_bate	As corridas foram marcadas com esta bola.
extras	São dados extras nesta bola.
total_runs	Total de runs marcados com esta bola.
passeios	Margens concedidas nesta bola.
não_bolas	Não foram dadas bolas nesta bola.
adeus	Foi dado um bye nesta bola.
perninhas	Foram dados leg byes nesta bola.
pena	Foram assinaladas corridas de penálti nesta

	bola.
despedimento	Tipo de despedimento.
jogador_dispensado	Nome do jogador despedido.
quatro	A equipa de futebol fez vários fours batedor.
seis	A equipa de batedor.
taxa de greve	Taxa de batida do batedor.
Capitão	Indica se o jogador é o capitão.
não está fora	Indica se o batedor não está fora.
resultado corrente	A pontuação atual em curso.
atropelamento	A corrente a transbordar.
texto curto	Comentário de texto curto.
comentário	Comentário pormenorizado.
ligação	Ligação para comentários pormenorizados ou cartão de pontuação.

4.1.2 Pré-processamento de dados:

Cartão de batedor All Seasons: No processo de limpeza de dados, foram aplicadas várias transformações para garantir a consistência e a usabilidade dos dados. Primeiro, colunas desnecessárias como "cidade", "país", "nome", "minutos", "capitão", "não está fora", "comentário" e "link" foram eliminadas do conjunto de dados. As linhas com valores nulos na coluna "runs" foram removidas para manter a integridade dos dados. Na coluna "época", os valores em falta foram substituídos por 2023. O nome da equipa "KXIP" foi atualizado para "PBKS" nas colunas "home_team", "away_team", "current_innings" e "match_name" para refletir o novo nome da equipa. Além disso, foram removidas sequências de caracteres estranhas, como "†" e "amp;", da coluna "texto curto" para maior clareza. Os nomes dos "locais" foram actualizados para refletir os nomes dos estádios actuais, com "Sardar Patel Stadium, Motera, Ahmedabad" alterado para "Narendra Modi Stadium, Motera, Ahmedabad" e "Feroz Shah Kotla, Delhi" atualizado para "Arun Jaitley Stadium, Delhi". Foi criada uma nova coluna "bowling_team" com base em "home_team", "away_team" e "current_innings", e a coluna "current_innings" foi renomeada para "batting_team". A coluna "innings_id" também foi renomeada para "batting_innings" para maior clareza. Por fim, as colunas "season", "runs", "balls faced", "fours" e "sixes" foram convertidas de tipos de dados float para integer para garantir uma representação numérica correta. Estes passos melhoraram coletivamente a consistência do conjunto de dados e a sua preparação para a análise.

Cartão de Bowling All Seasons: No processo de limpeza de dados, foram efectuados vários passos para refinar e normalizar o conjunto de dados. Inicialmente, foram removidas colunas redundantes, como "cidade", "país", "nome" e "capitão". A consistência dos nomes das equipas foi assegurada pela substituição de "KXIP" por "PBKS" nas colunas "home_team", "away_team", "bowling_team" e na coluna "match_name". Os nomes dos locais de jogo foram actualizados de acordo com as suas designações actuais, como a alteração de "Sardar Patel Stadium, Motera, Ahmedabad" para "Narendra Modi Stadium, Motera, Ahmedabad" e de "Feroz Shah Kotla, Delhi" para "Arun Jaitley Stadium, Delhi". Os valores em falta na coluna "época" foram preenchidos com 2023. Foi criada uma nova coluna "batting_team" com base nas colunas "home_team", "away_team" e "bowling_team". O número total de bolas lançadas foi calculado e armazenado numa nova coluna "total_balls". A coluna "season" foi convertida do tipo float para o tipo integer. As instâncias de "-" na coluna "economy rate" foram substituídas por NaN, e a coluna foi convertida num tipo de dados float. Por fim, as colunas foram reordenadas de acordo com uma ordem específica desejada para melhor legibilidade e análise. Estas etapas de limpeza melhoraram a coerência do conjunto de dados e a sua preparação para uma análise posterior.

4.1.3 Extração de caraterísticas:

O sistema de pontos Dream 11 Fantasy foi concebido para recompensar os utilizadores com base nos desempenhos reais dos seus jogadores selecionados em vários desportos, sobretudo no críquete. Os jogadores ganham pontos por corridas, wickets, capturas e outras contribuições significativas durante o jogo. Este sistema incentiva a seleção estratégica da equipa, equilibrando as capacidades de batedor, lançador e jogador de campo para maximizar os pontos. Os capitães e vice-capitães ganham pontos extra, acrescentando mais uma camada de estratégia. O sistema de pontos varia ligeiramente entre os diferentes desportos e formatos para refletir os aspectos únicos de cada jogo. A Tabela 4.4 descreve os pontos de fantasia de batedor, a Tabela 4.5 descreve os pontos de fantasia de taxa de strike, a Tabela 4.6 descreve os pontos de fantasia de bowling, a Tabela 4.7 descreve os pontos de fantasia de taxa de economia e a Tabela 4.8 descreve os pontos de fantasia de campo.

Tabela 4.4 Sistema de pontos de Fantasia de Batedor

Sistema de pontos de fantasia de rebatidas	
Ação	Pontos
Correr	1
Bónus de fronteira	1
Seis bónus	2
30 Bónus de corrida	4
Bónus de meio século	8
Bónus Century	16
Dispensa por pato	-2

Tabela 4.5 Sistema de pontos de fantasia de taxa de ataque

Taxa de Ataque (Exceto Lançador)	
Pontos (Mínimo de 10 bolas a serem jogadas)	
Ação	Pontos
Acima de 170	6
Entre 150,01 - 170	4
Entre 130 e 150	2
Entre 60 e 70	-2
Entre 50 - 50,99	-4
Inferior a 50	-6

Tabela 4.6 Sistema de Pontos de Fantasia de Bowling

Sistema de Pontos Fantasia de Bowling	
Ação	Pontos
Postigo (Excluindo runout)	25
Bónus (LBW/Bowled)	8
Bónus de 3 postigos	4
4 Bónus de Postigo	8
Bónus de 5 Wickets	16
A donzela acabou	12

Tabela 4.7 Sistema de pontos de fantasia da taxa de economia

Pontos da tarifa económica (por excesso)	
Mínimo de 2 Overs a serem lançados	
Ação	Pontos
Menos de 5 corridas	6
Entre 5-5,99 corridas	4
Entre 6-7 corridas	2
Entre 10-11 corridas	-2
Entre 11.01-12 execuções	-4
Mais de 12 corridas	-6

Tabela 4.8 Sistema de pontos de fantasia de campo

Sistema de pontos de fantasia de Fielding	
Ação	Pontos
Apanhar	8
3 Bónus de captura	4
Empilhamento	12
Corrida para fora (Golpe direto)	12
Corrida para fora (Batida Direta)	6

Tabela 4.9 Pontos adicionais do sistema de pontos de fantasia

Pontos adicionais	
Critérios	Pontos
Pontos do capitão	2x
Vice-capitão Pontos	1.5x
Em Formações anunciadas	+4 pontos
Jogar como substituto	+4 pontos

No processo de extração e engenharia de caraterísticas, foi realizada uma série de passos para calcular informações adicionais a partir dos dados existentes e criar um conjunto de dados abrangente para a análise de cricket de fantasia. Em primeiro lugar, a coluna "strike rate" foi convertida num tipo de dados numérico para garantir cálculos exactos. Subsequentemente, foram calculados os pontos de fantasia para o desempenho dos batedores, seguindo as regras fornecidas pela Dream11. O 'Batting_FP' (Batting Fantasy Points) foi obtido através da soma de vários componentes: total de corridas marcadas, pontos por limites (um ponto por quatro e dois pontos por seis) e bónus por marcos como marcar 30-49 corridas (4 pontos), 50-99 corridas (8 pontos) e 100 ou mais corridas (16 pontos). Foi aplicada uma penalização de -2 pontos aos jogadores que marcaram zero corridas (patos) enquanto batiam nas posições 1 a 7. Pontos adicionais ou penalidades baseadas na taxa de batida também foram calculadas, condicionadas pelo facto do jogador enfrentar pelo menos 10 bolas. Isto incluiu pontos positivos para taxas de strike mais elevadas (6 pontos para mais de 170, 4 pontos para 150,01-170, e 2 pontos para 130-150) e pontos negativos para taxas de strike mais baixas (-2 pontos para 60-69,99, -4 pontos para 50-59,99, e -6 pontos para menos de 50). Esta extração abrangente de caraterísticas permitiu uma avaliação detalhada do desempenho dos batedores para a análise do críquete de fantasia. Do mesmo modo, para o desempenho do bowling, a coluna 'Bowling_FP' (Pontos de fantasia de bowling) foi calculada para englobar várias métricas de desempenho. Foram calculados pontos por wickets, atribuindo 25 pontos por wicket. Foram concedidos pontos de bónus adicionais por atingir marcos específicos: 4 pontos por fazer 3 postigos, 8 pontos por 4 postigos, e 16 pontos por fazer 5 ou mais postigos num jogo. Foram adicionados pontos por "maiden overs", com 12 pontos atribuídos por cada "maiden over" lançado. A taxa económica também foi considerada, desde que o lançador tivesse lançado pelo menos 2 saldos. Com base na taxa de economia, os pontos foram ajustados: os lançadores com uma taxa de economia inferior a 6 pontos receberam 6 pontos, aqueles com taxas entre 5 e 5,99 receberam 4 pontos e as taxas entre e 7 ganharam 2 pontos. Por outro lado, foram atribuídos pontos negativos para taxas económicas mais elevadas: -2 pontos para as taxas entre 10 e 11, -4 pontos para as taxas entre 11,01 e 12, e -6 pontos para as taxas superiores a 12. Este cálculo exaustivo garantiu uma avaliação pormenorizada do desempenho dos lançadores para a análise de críquete de fantasia.

Após a extração de métricas de desempenho individuais, o processo de engenharia de caraterísticas envolveu a fusão e transformação dos dados de pontos de fantasia de batedores e lançadores para criar um conjunto de dados unificado. Foram selecionadas colunas relevantes de ambos os conjuntos de dados, centrando-se em caraterísticas-chave como "época", "match_id", "match_name", "home_team", "away_team", "local", "batting_innings", "bowling_innings", "fullName", "Batting_FP" e "Bowling_FP". Os conjuntos de dados foram fundidos com base em colunas comuns. Após a fusão, foi aplicada uma função personalizada `update_innings` para garantir que as colunas 'batting_innings' e 'bowling_innings' eram corretamente preenchidas, ajustando a informação dos turnos com base nos dados disponíveis.

Para lidar com potenciais valores em falta nas colunas de innings resultantes da fusão, a coluna "bowling_innings_x" foi preenchida com valores de "bowling_innings_y" sempre que necessário, e esta última foi posteriormente eliminada. Os pontos de fantasia em falta foram preenchidos com zeros e as colunas relevantes foram convertidas para tipos inteiros. Foi criada uma nova coluna "Total_FP" através da soma das colunas "Batting_FP" e "Bowling_FP" para representar o total de pontos de fantasia de cada jogador. A ordem das colunas foi reorganizada para maior clareza e consistência, e a coluna "Nome completo" foi padronizada para substituir "substitute_catch" por "substitute_fielder". A coluna "Equipa de sonho" foi então criada agrupando os dados por "match_id" e atribuindo um valor de 1 aos 11 melhores jogadores com o maior "Total_FP" em cada jogo, indicando a sua inclusão na equipa de sonho.

A função `mark_captain_vice_revised` foi aplicada a cada grupo de jogos, atribuindo a bandeira 'Capitão' ao jogador com o maior total de pontos de fantasia e a bandeira 'Vice-Capitão' ao jogador com o segundo maior número de pontos.

Tabela 4.10 Descrição do conjunto de dados recém-criado

Nome da coluna	Descrição
estação	O ano em que o jogo foi disputado.
match_id	Um identificador único para cada correspondência.
nome_do_correspondente	O nome do jogo indica as equipas em competição.
equipa inicial	A equipa que jogou em casa.
equipa visitante	A equipa que jogou fora do seu local de residência.
local	O nome e a localização do estádio onde se realizou o jogo.
entradas_de_batedores	O número do turno em que o jogador bateu.
entradas de bowling	O número do turno em que o jogador lançou.
fullName	O nome completo do jogador.
Início_11	Indicador que indica se o jogador estava no onze inicial.
Batimento_FP	Os pontos de fantasia são marcados pelo jogador através de rebatidas.
Bowling_FP	Os pontos Fantasy são marcados pelo jogador através do bowling.
Total_FP	O total de pontos de fantasia marcados pelo jogador no jogo.
Equipa de sonho	Indicador que indica se o jogador fez parte da equipa de sonho.
Equipa_Oponente	A equipa adversária no jogo.

Estas etapas interligadas de extração de caraterísticas e de engenharia resultaram num conjunto de dados detalhado e estruturado, pronto para ser analisado e aplicado em previsões e recomendações de cricket de fantasia. A Tabela 4.10 mostra a descrição do conjunto de dados recém-criado.

Extração de caraterísticas: Média de Pontos Fantasy da Equipa Adversária

A caraterística "Opponent Team Average Fantasy Points" (OppTeam_Avg) foi criada para fornecer uma medida do desempenho de um jogador contra diferentes equipas adversárias em vários jogos. Esta caraterística foi derivada usando o conjunto de dados e um script Python personalizado Figura 4.4, como ilustrado:

```python
data['OppTeam_Avg'] = 0.0

# Iterate through each player
for player in data['fullName'].unique():
    player_data = data[data['fullName'] == player].reset_index(drop=True)
    future_averages = []
    for i in range(len(player_data)):
        current_opponent = player_data.iloc[i]['Opponent_Team']
        future_data = player_data[(player_data.index > i) & (player_data['Opponent_Team'] == current_opponent)]
        if not future_data.empty:
            future_avg = future_data['Total_FP'].mean()
        else:
            future_avg = player_data.iloc[i]['Total_FP']
        future_averages.append(future_avg)

    # Update the main dataframe with the calculated future averages
    data.loc[data['fullName'] == player, 'OppTeam_Avg'] = future_averages

# Round off the values in Prv_OppTeam_Avg to 0 decimal places
data['OppTeam_Avg'] = data['OppTeam_Avg'].round(0)
```

Figura 4.4 Extração de caraterísticas da média de pontos de fantasia da equipa adversária Fonte: Código do Jupyter Notebook gerado pelo próprio utilizador

1. **Inicialização:** A coluna `OppTeam_Avg` é inicialmente definida como 0.
2. **Iteração através dos jogadores:** O script itera através de cada jogador único, criando um subconjunto de dados para cada jogador e redefinindo o índice.
3. **Identificação da equipa adversária:** Para cada registo de jogo, a equipa adversária é identificada.
4. **Cálculo de dados futuros:** O script calcula a média de pontos de fantasia marcados pelo jogador em jogos futuros contra a mesma equipa adversária. Se não existirem jogos futuros disponíveis, a predefinição é os pontos de fantasia do jogo atual.
5. **Atualizando o DataFrame:** As médias calculadas são armazenadas numa lista e utilizadas para atualizar o quadro de dados principal na coluna `OppTeam_Avg` para cada jogador.
6. **Arredondamento:** Finalmente, os valores na coluna `OppTeam_Avg` são arredondados para zero casas decimais para simplificar.

A Tabela 4.11 apresenta os resultados, mostrando o `OppTeam_Avg` para KL Rahul contra a equipa PBKS. Esta caraterística ajuda a compreender como o desempenho de um jogador varia contra diferentes adversários, o que é crucial para o planeamento estratégico e a análise preditiva no críquete.

Tabela 4.11 OppTeam_Avg` para KL Rahul contra a equipa PBKS

estação	nome_do_correspondente	entradas_de_batedores	fullName	Total_FP	Equipa_Oponente	OppTeam_Avg
2023	PBKS contra LSG	1	KL Rahul	27	PBKS	46
2023	LSG contra PBKS	1	KL Rahul	106	PBKS	36
2022	PBKS contra LSG	1	KL Rahul	23	PBKS	39
2016	RCB contra PBKS	1	KL Rahul	23	PBKS	42
2016	PBKS contra RCB	1	KL Rahul	86	PBKS	28
2015	SRH contra PBKS	1	KL Rahul	36	PBKS	24
2014	PBKS contra SRH	2	KL Rahul	34	PBKS	14
2013	RCB contra PBKS	1	KL Rahul	14	PBKS	14

Extração de caraterísticas: Média de pontos de fantasia do local (por turno de rebatidas)

A caraterística "Venue Average Fantasy Points (by Batting Innings)" foi extraída para fornecer informações sobre o desempenho de um jogador em locais e turnos de rebatidas específicos. Este processo envolveu várias etapas, utilizando o conjunto de dados e o script Python personalizado Figura 4.5, conforme ilustrado:

```
data['Venue_Innings_Avg'] = 0.0

# Iterate through each player
for player in data['fullName'].unique():
    player_data = data[data['fullName'] == player].reset_index(drop=True)
    future_averages = []
    for i in range(len(player_data)):
        current_venue = player_data.iloc[i]['venue']
        current_innings = player_data.iloc[i]['batting_innings']
        future_data = player_data[(player_data.index > i) & (player_data['venue'] == current_venue)
                                  & (player_data['batting_innings'] == current_innings)]
        if not future_data.empty:
            future_avg = future_data['Total_FP'].mean()
        else:
            future_avg = player_data.iloc[i]['Total_FP']
        future_averages.append(future_avg)

    # Update the main dataframe with the calculated future averages
    data.loc[data['fullName'] == player, 'Venue_Innings_Avg'] = future_averages

# Round off the values in Venue_Innings_Avg to 0 decimal places
data['Venue_Innings_Avg'] = data['Venue_Innings_Avg'].round(0)
```

Figura 4.5 Extração de caraterísticas da média de pontos Fantasy do local (por Batting Innings) Fonte: Código do Jupyter Notebook gerado pelo próprio utilizador

1. **Inicialização:** O processo de extração de caraterísticas começa com a inicialização de uma nova coluna, `Venue_Innings_Avg`, com um valor predefinido de 0.
2. **Iteração através dos jogadores:** O script itera através de cada jogador único no conjunto de dados. Para cada jogador, é criado um subconjunto de dados, contendo apenas os seus registos, com o índice reposto para facilitar a manipulação.

3. **Identificação do local e dos turnos:** Para os registos dos jogos de cada jogador, são identificados o local atual e as entradas do batedor.

4. **Cálculo de dados futuros:** O script então olha para os registos futuros para o mesmo jogador, local e combinação de entradas. Ele calcula a média do `Total_FP` (Total de Pontos de Fantasia) para essas partidas futuras. Se não forem encontrados jogos futuros, o `Total_FP` do jogo atual é o padrão.

5. **Atualizando o DataFrame:** Os pontos de fantasia médios calculados são anexados a uma lista. Depois de processar todos os registos de um jogador, esta lista é utilizada para atualizar o quadro de dados principal com os novos valores `Venue_Innings_Avg` para esse jogador.

6. **Arredondamento:** O passo final envolve o arredondamento dos valores na coluna `Venue_Innings_Avg` para zero casas decimais para uma apresentação mais limpa.

Tabela 4.12 Pontuação do primeiro Innings de KL Rahul no Estádio Wankhede, Mumbai

estação	local	entradas_de batedores	fullName	Total_FP	Local_Inn_Avg
2022	Estádio Wankhede, Mumbai	1	KL Rahul	107	84
2022	Estádio Wankhede, Mumbai	1	KL Rahul	155	72
2022	Estádio Wankhede, Mumbai	1	KL Rahul	10	85
2021	Estádio Wankhede, Mumbai	1	KL Rahul	84	85
2021	Estádio Wankhede, Mumbai	1	KL Rahul	18	107
2021	Estádio Wankhede, Mumbai	1	KL Rahul	142	90
2019	Estádio Wankhede, Mumbai	1	KL Rahul	142	37
2016	Estádio Wankhede, Mumbai	1	KL Rahul	37	37

Os resultados são demonstrados nas tabelas 4.12 e 4.13, que apresentam o `Venue_Innings_Avg` para KL Rahul no Estádio Wankhede, em Mumbai, tanto para o 1° como para o 2° turno em várias épocas. Esta funcionalidade permite uma análise pormenorizada do desempenho do jogador, tendo em conta o contexto do local e dos turnos de batida específicos, melhorando assim a precisão da previsão para futuras avaliações de desempenho.

Tabela 4.13 Pontuação do 2° turno de KL Rahul no Estádio Wankhede, Mumbai

estação	local	entradas_de_batedores	fullName	Total_FP	Local_Inn_Avg
2022	Estádio Wankhede, Mumbai	2	KL Rahul	2	82
2018	Estádio Wankhede, Mumbai	2	KL Rahul	134	31
2015	Estádio Wankhede, Mumbai	2	KL Rahul	31	31

4.1.4 Implementação de algoritmos, seleção de modelos e avaliação:

Nesta secção, descrevemos a implementação do algoritmo de classificação K-Nearest Neighbors (KNN) aplicado ao nosso conjunto de dados e fornecemos uma análise detalhada do seu desempenho.

K-Nearest Neighbors (KNN): O KNN é um algoritmo simples e não paramétrico que classifica um ponto de dados com base na classe maioritária entre os seus k-vizinhos mais próximos no espaço de caraterísticas. O KNN é conhecido pela sua simplicidade e eficácia, especialmente quando os dados têm uma distribuição não linear. Dadas estas caraterísticas, o KNN foi selecionado como o algoritmo mais adequado para o nosso caso de utilização específico.

Etapas de implementação:

1. **Pré-processamento de dados:** Normalizar as caraterísticas e tratar os valores em falta para garantir que o conjunto de dados está pronto para o treino do modelo.

2. **Treinamento do modelo:** Utilizar a classe KNeighborsClassifier do sci-kit-learn para treinar o modelo KNN no nosso conjunto de dados.

3. **Avaliação do modelo:** Escolha o k ótimo utilizando a validação cruzada e

avalie as métricas de desempenho, como a exatidão, a precisão, a recuperação, a pontuação F1 e a eficiência computacional.

Conclusão: O K-Nearest Neighbors (KNN) foi escolhido como o algoritmo de classificação preferido para o nosso conjunto de dados devido às seguintes razões:

1. **Elevada precisão:** O KNN alcançou consistentemente uma elevada precisão em vários conjuntos de validação, indicando a sua robustez em tarefas de classificação.

2. **Não-linearidade:** O nosso conjunto de dados apresenta padrões não lineares que o KNN pode efetivamente captar.

3. **Simplicidade e interpretabilidade:** O KNN é simples de implementar e interpretar. Não requer pressupostos sobre a distribuição dos dados, o que o torna versátil.

4. **Eficiência computacional moderada:** Os requisitos computacionais do KNN são moderados e geríveis com o tamanho do nosso conjunto de dados.

5. **Flexibilidade com o espaço de caraterísticas:** O KNN tem um bom desempenho com dados numéricos e categóricos, especialmente após a normalização das caraterísticas.

Dadas estas vantagens, o KNN foi escolhido como o algoritmo de classificação para o nosso conjunto de dados. Esta decisão está em conformidade com o nosso objetivo de obter um elevado desempenho de previsão, mantendo a simplicidade e a interpretabilidade na implementação do modelo.

4.2 Modelo de investigação

O modelo de investigação refere-se ao quadro ou estrutura que orienta a análise da investigação. Neste contexto, diz respeito à análise do desempenho e à previsão de jogadores de críquete com base em dados históricos da IPL (Indian Premier League). O Modelo de Investigação é utilizado para concetualizar, conceber e implementar estudos centrados na compreensão do desempenho dos jogadores e na ajuda à tomada de decisões estratégicas em desportos de fantasia. O modelo começa com um quadro concetual, que define os conceitos relevantes para a análise do críquete, tais como métricas de desempenho, pontos de fantasia e estatísticas frente a frente. Este quadro informa a formulação da investigação, orientando as metas e os objectivos do estudo. Os passos seguintes descrevem a criação do modelo.

1. **Fonte de dados:** O conjunto de dados primário foi obtido do Kaggle, compreendendo três ficheiros principais: "Batting Card", "Bowling Card" e "Ball by Ball Data". Estes ficheiros fornecem dados abrangentes do IPL, incluindo calendários da época, detalhes dos jogos, informações sobre as equipas e desempenhos individuais dos jogadores.

2. **Ler dados:** Nesta etapa, os conjuntos de dados são lidos e carregados no ambiente de análise. Isto envolve a utilização de bibliotecas de tratamento de dados, como a Pandas em Python, para importar os dados dos ficheiros de origem, assegurando que todas as colunas são corretamente reconhecidas e que os tipos de dados são devidamente definidos para processamento posterior. A Figura 4.6 mostra o fluxo de trabalho do processo de desenvolvimento do modelo K-Nearest Neighbors (KNN).

3. **Limpeza de dados:** A limpeza de dados envolve a resolução de valores em falta, a correção de inconsistências e a garantia de que os dados são exactos e fiáveis. Isto inclui o preenchimento de células vazias com valores apropriados, a normalização de nomes de equipas e jogadores e a remoção de linhas com informações incompletas ou incorrectas para manter a qualidade do conjunto de dados.

4. **Pré-processamento de dados:** O pré-processamento é crucial para preparar os dados para análise. Este passo envolve a conversão das colunas para os tipos de dados corretos, a consolidação dos registos das equipas para refletir a mudança de marca (por exemplo, Kings XI Punjab para Punjab Kings) e a eliminação de discrepâncias nos nomes dos jogadores. Além disso, todas as linhas com jogadores ausentes são removidas para garantir a exatidão da disponibilidade dos jogadores e das métricas de desempenho.

5. **Extração de caraterísticas:** A extração e a engenharia de caraterísticas envolvem a extração de caraterísticas relevantes dos conjuntos de dados. Para os cartões de batedor e de lançador, são extraídas caraterísticas essenciais e é introduzida uma nova caraterística "fp" (pontos de fantasia) para quantificar os pontos de fantasia para batedores e lançadores. Esta fase também inclui a criação de conjuntos de dados especializados frente a frente (H2H) para analisar o desempenho de jogadores individuais contra adversários específicos.

6. **Dividir os dados:** A divisão dos dados envolve dividi-los em conjuntos de treino e de teste. Isto é essencial para a validação do modelo, garantindo que o modelo pode generalizar bem para dados novos e não vistos. Normalmente, o conjunto de dados é dividido numa proporção de 80-20, sendo a maior parte

utilizada para treinar o modelo e a menor parte reservada para testar a sua precisão.

7. **Afinação de hiperparâmetros:** O ajuste de hiperparâmetros é o processo de otimização dos parâmetros do algoritmo KNN para melhorar o seu desempenho. Isto envolve testar diferentes valores para parâmetros como o número de vizinhos (k) e a métrica de distância para identificar a configuração que produz a melhor precisão de previsão.

8. **Treinamento do modelo KNN:** O treino do modelo KNN envolve a utilização do conjunto de dados de treino para ensinar o modelo a reconhecer padrões e a fazer previsões. O algoritmo KNN identifica os k-vizinhos mais próximos para cada ponto de dados e atribui uma classe com base na classe maioritária entre esses vizinhos.

Figura 4.6 Fluxo de trabalho do processo de desenvolvimento do modelo K-Nearest Neighbors (KNN)

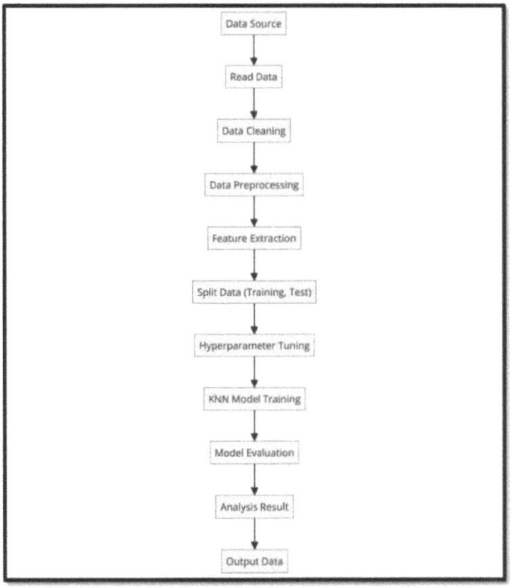

Fonte: Gerado pelo próprio

9. **Avaliação do modelo:** A avaliação do modelo é efectuada utilizando o conjunto de dados de teste para avaliar a exatidão e o desempenho do modelo KNN treinado. São calculadas métricas como a exatidão, a precisão, a recuperação e a pontuação F1 para determinar a eficácia do modelo na previsão

dos resultados.

10. **Resultado da análise:** Os resultados da avaliação do modelo são analisados para interpretar o desempenho do algoritmo KNN. Isto inclui a identificação dos pontos fortes e fracos, a compreensão das razões subjacentes às previsões incorrectas e o aperfeiçoamento do modelo, se necessário.

11. **Dados de saída:** A etapa final envolve a geração e a apresentação dos dados de saída, que incluem as previsões efectuadas pelo modelo e quaisquer conhecimentos derivados. Esta informação é crucial para a tomada de decisões em aplicações como a seleção de equipas de desportos de fantasia e a previsão de desempenho.

Estas etapas formam coletivamente um quadro abrangente para a análise de dados utilizando o algoritmo KNN, melhorando as capacidades de previsão e a tomada de decisões estratégicas na análise de desportos de fantasia.

CAPÍTULO 5

RESULTADOS E DEBATES

Nesta pesquisa, foi desenvolvido um modelo preditivo para determinar se um jogador faz parte do Dream Team usando o algoritmo K-Nearest Neighbor (KNN). O conjunto de dados incluía caraterísticas como a média de pontos de fantasia da equipa adversária, a média de pontos de fantasia do local por turno de jogo e o total de pontos de fantasia padronizados. A coluna 'fullName' foi codificada, e os dados foram divididos em conjuntos de treinamento e teste com uma divisão de 70-30. As caraterísticas foram padronizadas antes de aplicar o algoritmo KNN com k=30. A Figura 5.1 apresenta a contagem de jogadores classificados como fazendo parte da equipa de sonho (1) ou não fazendo parte da equipa de sonho (0). A variável dependente no modelo preditivo é se um jogador pertence à Dream Team, com aproximadamente 10 000 membros da Dream Team e 8 000 não membros da Dream Team.

Figura 5.1 Contagem de membros da equipa de sonho e de não membros da equipa de sonho

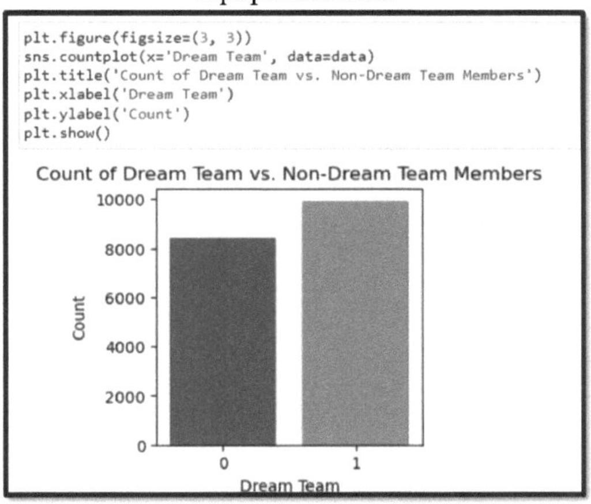

Fonte: Gerado pelo próprio

No processo de desenvolvimento do modelo preditivo, foram testados vários valores de k para o algoritmo KNN, a fim de identificar o parâmetro mais adequado. O modelo foi treinado utilizando valores de k entre 1 e 50, e o desempenho foi avaliado utilizando a precisão da validação cruzada. Os resultados indicaram que k=30 proporcionou o melhor equilíbrio entre o enviesamento e a variância, conduzindo à precisão média mais elevada. Uma métrica utilizada na avaliação do modelo é a validação cruzada, que mostra até que ponto o sistema consegue prever o futuro. A eficácia dos modelos foi confirmada pela aplicação da validação cruzada K-fold. O conjunto de dados é dividido em k subconjuntos para a validação cruzada K-fold e cada subconjunto é repetido k vezes. Para cada iteração, é utilizada uma amostra de treino de k subconjuntos e uma amostra de teste de k-1 subconjuntos. A validação cruzada do modelo é apresentada na Figura 5.2 e a Tabela 5.1 - Precisão do treino e do teste é apresentada na Figura 5.3.

Figura 5.2: Resultados da validação cruzada

```
# Selecting the relevant columns
selected_columns = ['fullName', 'OppTeam_Avg', 'Venue_Innings_Avg', 'Total_FP_standardized', 'Dream Team']
data_selected = data[selected_columns]

# Encoding the 'fullName' column
data_encoded = pd.get_dummies(data_selected, columns=['fullName'], drop_first=True)

# Selecting the features and target variable
X = data_encoded.drop('Dream Team', axis=1)
y = data_encoded['Dream Team']

# Standardizing the features
scaler = StandardScaler()
X_scaled = scaler.fit_transform(X)

# Applying KNN algorithm with K-fold cross-validation
knn = KNeighborsClassifier(n_neighbors=30)
kf = KFold(n_splits=5, shuffle=True, random_state=78)
cross_knn = cross_val_score(knn, X_scaled, y, cv=kf, scoring='accuracy')

print("Cross Validation score =", cross_knn)
print("Mean cross-validation accuracy =", cross_knn.mean())

Cross Validation score = [0.81622652 0.82112714 0.80555556 0.80991285 0.81781046]
Mean cross-validation accuracy = 0.8141265057918379
```

Fonte: Código do Jupyter Notebook gerado pelo próprio

Tabela 5.1: Validação cruzada para o algoritmo KNN

Corridas	1	2	3	6	5
Média	81.62	82.11	80.05	80.09	81.78

Figura 5.3 Precisão do treino e do teste

```
# Perform a train-test split for the confusion matrix and other metrics
X_train, X_test, y_train, y_test = train_test_split(X, y, test_size=0.3, random_state=42)
X_train_scaled = scaler.fit_transform(X_train)
X_test_scaled = scaler.transform(X_test)

# Fit the model on the training set
knn.fit(X_train_scaled, y_train)

# Predicting the target variable for test set
y_pred = knn.predict(X_test_scaled)

# Calculate train and test accuracy
train_acc_knn = knn.score(X_train_scaled, y_train)
test_acc_knn = knn.score(X_test_scaled, y_test)

print("Train accuracy = {:.4f}%".format(train_acc_knn * 100))
print("Test accuracy = {:.4f}%".format(test_acc_knn * 100))

Train accuracy = 83.4436%
Test accuracy = 81.5756%
```

Fonte: Código do Jupyter Notebook gerado pelo próprio

Avaliação do algoritmo:

Os algoritmos abordados na secção anterior são todos avaliados utilizando métricas como a pontuação F1, a exatidão, a precisão e a recuperação. A medição da matriz de confusão é utilizada para estas medidas. A precisão, a recuperação, a medida F, a sensibilidade, a especificidade e a exatidão são as métricas de desempenho utilizadas para avaliar os resultados da categorização. Os valores das classes atribuídas como verdadeiros positivos (TP), falsos positivos (FP), verdadeiros negativos (TN) e falsos negativos (FN) em dados empíricos são utilizados para calcular estas métricas. Tal como noutros estudos, este documento utiliza a sensibilidade, a especificidade, a exatidão, a precisão, a recordação e a pontuação F1 como métricas de avaliação do modelo. Os parâmetros de cálculo são os seguintes.

Verdadeiros positivos (TP) - Estes são os valores positivos corretamente previstos, o que significa que o valor da classe real é sim e o valor da classe prevista também é sim.
Verdadeiros negativos (TN) - Estes são os valores negativos corretamente previstos, o que significa que o valor da classe real é não e o valor da classe prevista também é não.

Falsos positivos (FP) - Quando a classe real é não e a classe prevista é sim.
Falsos negativos (FN) - Quando a classe real é sim, mas a classe prevista é não.
Matriz de confusão: A matriz de confusão é uma ferramenta para analisar a capacidade do classificador de reconhecer tuplas de diferentes classes. A Figura 5.4 descreve os elementos da matriz de confusão.

Figura 5.4 Matriz de confusão

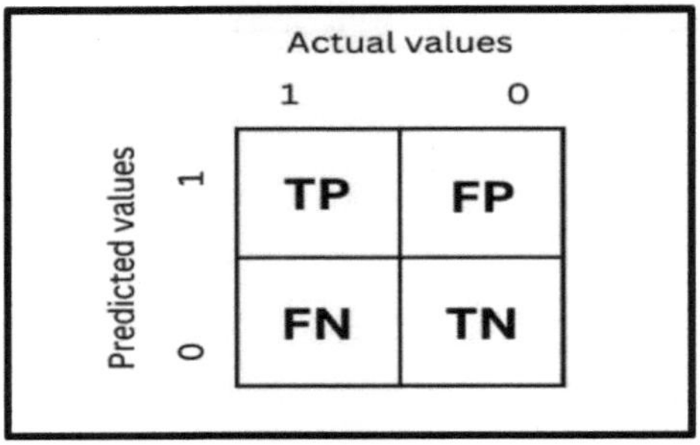

Fonte: Auto-criado

O quadro 5.2 apresenta os elementos da matriz de confusão.

Tabela 5.2 Matriz de confusão

Real / Previsto	Positivo (Sim)	Negativo (Não)
Positivo (Sim)	Verdadeiro positivo (TP)	Falso positivo (FP)
Negativo (Não)	Falso negativo (FN)	Verdadeiro negativo (TN)

Exatidão: A exatidão de qualquer algoritmo de classificação é medida pela proporção de tuplas do conjunto de teste que o modelo classifica corretamente.

Precisão = ((TP + TN)) / ((TP + TN + FP + FN))
TP = Verdadeiro Positivo, TN = Verdadeiro Negativo, FP = Falso Positivo, FN = Falso Negativo

Precisão: A precisão refere-se à exatidão de um algoritmo. É a proporção de tuplas positivas corretamente identificadas que são positivas.

Precisão = TP/ (TP + FP)
Recordação: O teste de exaustividade é a recuperação. É a proporção de tuplas com rótulos positivos pelo classificador.

Recuperação = TP/ (TP + FN)
As tabelas 5.3 e 5.4 demonstram a avaliação do cálculo das métricas e o respetivo exemplo

Tabela 5.3 Avaliação do cálculo das métricas

Métrica	Fórmula
Exatidão	((TP + TN)) / ((TP + TN + FP + FN))
Precisão	TP/ (TP + FP)
Recall	TP/ (TP + FN)

Quadro 5.4 Exemplo de cálculo

Exemplo	Fórmula	Valor
TP	-	100
TN	-	50
PF	-	10
FN	-	5
Exatidão	((TP + TN)) / ((TP + TN + FP + FN))	0.913
Precisão	TP/ (TP + FP)	0.909
Recall	TP/ (TP + FN)	0.952

As figuras 5.5 e 5.6 demonstram os resultados e a visualização da matriz de confusão

Figura 5.5 Matriz de confusão do algoritmo KNN

```
from sklearn.metrics import confusion_matrix

cm = confusion_matrix(y_test, y_pred)
print('Confusion matrix\n\n', cm)
print('\nTrue Positives(TP) = ', cm[0, 0])
print('True Negatives(TN) = ', cm[1, 1])
print('False Positives(FP) = ', cm[0, 1])
print('False Negatives(FN) = ', cm[1, 0])
```

```
Confusion matrix

 [[2017  492]
 [ 523 2477]]

True Positives(TP) =  2017
True Negatives(TN) =  2477
False Positives(FP) =  492
False Negatives(FN) =  523
```

Fonte: Código do Jupyter Notebook gerado pelo próprio

Figura 5.6 Visualização da matriz de confusão

```
# Visualization of Confusion Matrix
conf_matrix = confusion_matrix(y_test, y_pred)

# Plot the confusion matrix
plt.figure(figsize=(2, 2))
sns.heatmap(conf_matrix, annot=True, fmt='d', cmap='Blues')
plt.xlabel('Predicted')
plt.ylabel('Actual')
plt.title('Confusion Matrix')
plt.show()
```

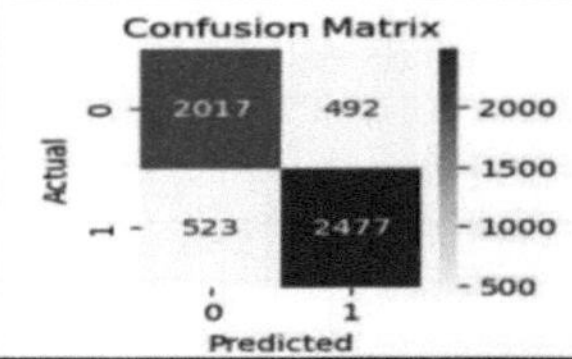

Fonte: Código do Jupyter Notebook gerado pelo próprio

A Figura 5.7 e a Tabela 5.5 demonstram o Relatório de Classificação do algoritmo KNN

Figura 5.7 Relatório de classificação

```
from sklearn import metrics

predicted = knn.predict(X_test_scaled)
accuracy_score = metrics.accuracy_score(y_test, predicted)

print('KNN model accuracy is', str('{:04.2f}'.format(accuracy_score * 100)) + '%')
print('------------------------------------------')
print('Confusion Matrix:')
print(pd.DataFrame(confusion_matrix(y_test, predicted)))
print('------------------------------------------')
print('Classification Report:')
print(metrics.classification_report(y_test, predicted))

KNN model accuracy is 81.58%
------------------------------------------
Confusion Matrix:
      0     1
0  2017   492
1   523  2477
------------------------------------------
Classification Report:
              precision    recall  f1-score   support

           0       0.79      0.80      0.80      2509
           1       0.83      0.83      0.83      3000

    accuracy                           0.82      5509
   macro avg       0.81      0.81      0.81      5509
weighted avg       0.82      0.82      0.82      5509
```

Fonte: Código do Jupyter Notebook gerado pelo próprio

Tabela 5.5 Relatório de classificação do KNN

Métrica	Precisão	Recall	Pontuação F1	Apoio
Classe 0 (Equipa Não-Sonho)	0.79	0.80	0.80	2509
Classe 1 (Equipa de sonho)	0.83	0.83	0.83	3000
Macro Avg	0.81	0.81	0.81	5509
Média ponderada	0.82	0.82	0.82	5509

CAPÍTULO 6
CONCLUSÃO E ÂMBITO FUTURO

6.1 Conclusão

Ao concluir esta aventura no domínio da análise desportiva, foi abordado um problema único no meio dos avanços em curso neste domínio, preparando o terreno para uma exploração dos meandros da quantificação do desempenho dos jogadores num contexto real. A metodologia adoptada foi o culminar de conhecimentos recolhidos de trabalhos anteriores, meticulosamente elaborados para aumentar a precisão e a fiabilidade do modelo de previsão. Através de uma recolha rigorosa de dados e de técnicas analíticas inovadoras, foi construído um quadro que não só prevê resultados, como também fornece uma visão mais profunda da dinâmica dos jogadores e das estratégias das equipas.

As investigações utilizaram uma variedade de ferramentas estatísticas e algoritmos de aprendizagem automática, cada um deles selecionado pela sua robustez e capacidade de modelar cenários desportivos complexos. O modelo resultante apresentou um desempenho louvável, oferecendo aos utilizadores uma maior probabilidade de garantir a vitória no domínio ferozmente competitivo das ligas de fantasia desportiva. Demonstrou melhorias significativas em relação aos modelos tradicionais, adaptando-se rapidamente a novos dados e tendências, oferecendo assim uma ferramenta mais dinâmica e reactiva para os entusiastas das ligas de fantasia.

No entanto, no meio da celebração destas conquistas, torna-se evidente que existem áreas que podem ser aperfeiçoadas no futuro, assinalando o início de novas oportunidades para maximizar as recompensas e as classificações no panorama dinâmico da análise desportiva. O potencial para mais melhorias nas áreas da integração de dados em tempo real e da precisão das previsões é motivo de investigação adicional. As futuras iterações deste trabalho poderiam beneficiar da incorporação de técnicas de aprendizagem automática mais recentes e sofisticadas e de um conjunto de dados mais vasto, abrangendo uma variedade de disciplinas desportivas. Esta evolução contínua abrirá, sem dúvida, o caminho para ferramentas analíticas mais refinadas, precisas e centradas no utilizador no domínio do desporto, melhorando os aspectos estratégicos e envolventes das ligas de desportos de fantasia.

6.2 Âmbito futuro

Reflectindo sobre os sucessos do modelo de análise desportiva, é importante olhar para o futuro e identificar as áreas em que outras melhorias podem elevar o trabalho. Esta secção descreve as potenciais melhorias que visam resolver as limitações actuais e expandir as capacidades do modelo, assegurando que continua a ser relevante e eficaz no domínio em rápida evolução da análise do desporto.

1) **Otimização da Seleção do Capitão e do Vice-Capitão:** Uma lacuna notável reside na limitação atual do modelo em selecionar eficazmente o Capitão e o Vice-Capitão, duas funções essenciais que têm um peso significativo nos sistemas de pontuação das ligas de fantasia. Dada a importância acrescida destas funções, que muitas vezes implicam um peso de 2x e 1,5x nos pontos, é imperativo um mecanismo de seleção melhorado para maximizar o potencial do modelo de previsão. As melhorias futuras podem explorar técnicas de otimização avançadas e algoritmos de aprendizagem automática para aperfeiçoar este processo de seleção. Por exemplo, a utilização de métodos de aprendizagem em conjunto ou de aprendizagem por reforço pode ajudar a adaptar-se dinamicamente às complexidades do desempenho dos jogadores e aos factores situacionais, melhorando assim o processo de tomada de decisões.

2) **Adaptação à regra do jogador de impacto:** A recente introdução da Regra do Jogador de Impacto representa um desafio considerável do ponto de vista do modelo de aprendizagem automática. Esta regra inovadora introduz uma camada adicional de complexidade na composição da equipa e na tomada de decisões estratégicas, exigindo uma abordagem diferenciada à previsão do desempenho dos jogadores. Abordar esta complexidade é fundamental para garantir a abrangência e a precisão de um modelo de previsão, uma vez que este navega no cenário em evolução das ligas de fantasia desportiva. Poderão ser utilizadas técnicas de modelação avançadas, como sistemas multiagentes ou abordagens teóricas dos jogos, para simular e prever o impacto desta regra nos resultados dos jogos de forma mais eficaz.

3) **Exploração de diferentes algoritmos de classificação:** Para melhorar ainda mais as capacidades de previsão do modelo de análise desportiva, a exploração de uma variedade de algoritmos de classificação pode ser benéfica. Diferentes classificadores, como máquinas de vectores de suporte, florestas aleatórias e redes neurais, podem oferecer vantagens únicas na previsão exacta do desempenho dos jogadores. Uma análise comparativa destes algoritmos poderia

identificar o classificador mais eficaz para aspectos específicos do modelo, melhorando assim a precisão e a robustez da previsão global. Essencialmente, embora o sucesso do modelo atual seja celebrado, é imperativo reconhecer e abordar as áreas identificadas para melhoria. Estes desafios não só abrem caminho para a investigação e inovação futuras, como também sublinham a natureza dinâmica do domínio da análise desportiva, caracterizada por uma evolução constante e pela procura incessante de precisão nas previsões dos jogadores. À medida que se embarca nesta viagem de melhoria contínua, surgem caminhos promissores para a exploração e o aperfeiçoamento, reforçando o compromisso com a excelência no domínio em constante evolução da análise desportiva. Essencialmente, embora se celebre o sucesso do modelo atual, é imperativo reconhecer e abordar as áreas de melhoria identificadas. Estes desafios não só preparam o caminho para a investigação e inovação futuras, como também sublinham a natureza dinâmica do domínio da análise desportiva, caracterizada por uma evolução constante e pela procura incessante de precisão nas previsões dos jogadores. À medida que se embarca nesta viagem de melhoria contínua, surgem caminhos promissores para a exploração e o aperfeiçoamento, reforçando o compromisso com a excelência no domínio em constante evolução da análise desportiva.

REFERÊNCIAS

[1] G. Beyer, "A History of Cricket: The World's Second-Most Popular Sport," TheCollector, 2022 Apr 2022. [Online]. Disponível: https://www.thecollector.com/history-of-cricket-worlds-second-most-popular-sport/. [Acedido em 28 Abr 2024].

[2] S. Hossain, "The Evolution of Cricket: From Children's Pastime to Global Sport", LinkedIn, 9 de outubro de 2023. [Online]. Disponível: https://www.linkedin.com/pulse/evolution- cricket-from-childrens-pastime-global-sport-hossain. [Acedido em 28 Abr 2024].

[3] A. Gupta, "India and the IPL: Cricket's Globalized Empire", The Round Table, [Online]. Available: https://www.tandfonline.com/doi/abs/10.1080/00358530902757875. [Acedido em 28 Abr 2024].

[4] H. S. Media, "Executive Search Review", Hunt Scanlon Media, [Em linha]. Disponível: https://huntscanlon.com/wp-content/uploads/2018/09/Wednesdaystory2-3- e1537903789212.jpg. [Acedido em 28 Abr 2024].

[5] M. Roy, "What does cricket's data-driven future look like?", HCLTech, 12 de outubro de 2023. [Online]. Disponível: https://www.hcltech.com/trends-and-insights/what-does-crickets- data-driven-future-look. [Acedido em 28 de abril de 2024].

[6] S. Venkatram, "Cricket and Technology: A Time-Travel Through Innovation", SportsTechX, 4 de outubro de 2023. [Online]. Disponível: https://sportstechx.com/cricket-and- technology-a-time-travel/. [Acedido em 28 Abr 2024].

[7] Kashif, "Beyond Borders: Cricket's Cultural Impact Around the World", Cric World, 19 de setembro de 2023. [Online]. Disponível: https://cricworldofficial.com/beyond-borders-crickets- cultural-impact-around-the-world/. [Acedido em 28 Abr 2024].

[8] B. Armfield, "The Cultural Canvas of Cricket: A Global Perspective", Cric News, [Online]. Disponível: https://cricnews.com/international-cricket/the-cultural-canvas-of- cricket-a-global-perspective/. [Acedido em 28 Abr 2024].

[9] A. K. H. S, "Technology in Cricket: 21st-century Innovations in a 16th-century Sport", Skill-Lync, 16 de junho de 2022. [Online]. Disponível: https://skill-lync.com/blogs/technology-in- cricket-21st-century-innovations-in-

a-16th-century-sport/. [Acedido em 28 Abr 2024].

[10] S. Venkatram, "Cricket and Technology: A Time-Travel Through Innovation", SportsTechX, 4 de outubro de 2023. [Online]. Disponível: https://sportstechx.com/cricket-and- technology-a-time-travel/. [Acedido em 28 Abr 2024].

[11] K. Devadiga, "IPL's rise as a global economic powerhouse", ET Edge Insights, [Online]. Disponível: https://etinsights.et-edge.com/ipls-rise-as-a-global-economic-powerhouse/. [Acedido em 28 Abr 2024].

[12] Lootmogul, "Beyond Boundaries: The Social and Cultural Impact of the IPL 2024 Season", Medium, Mar 2024. [Online]. Disponível: https://lootmogul.medium.com/beyond-boundaries-the-social-and-cultural-impact-of-the- ipl-2024-season-849409185991. [Acedido em 28 Abr 2024].

[13] "IPL Auction 2024: Strategic Player Acquisitions and Their Impact on Team Dynamics", SkillsHats, [Online]. Disponível: https://skillshats.com/blogs/ipl-auction-2024-strategic- player-acquisitions-and-their-impact-on-team-dynamics/. [Acedido em 28 Abr 2024].

[14] M. Singh, "IPL Auction Strategies: Insights sobre a avaliação de talentos e a formação de equipas na Liga,"LinkedIn, 26abril de 2024. [Online]. Disponível: https://www.linkedin.com/pulse/ipl-auction-strategies-insights-talent-evaluation-team- mukesh-singh-kuphc. [Acedido em 28 Abr 2024].

[15] "Impact of IPL on Indian Economy and Startups," Foundr Magazine India, [Online]. Disponível: https://foundrmagazine.in/impact-of-ipl-on-indian-economy-and-startups/. [Acedido em 28 Abr 2024].

[16] "In Focus - Cricket and The Indian Economy", ThaiIndia.net, [Online]. Disponível: https://www.thaiindia.net/information/in-focus/item/5050-cricket-and-the-indian- economy.html. [Acedido em 28 Abr 2024].

[17] Sapalbhaiya, "The Phenomenon of IPL and the Spectacular Cricket Culture in India", Medium, [Online]. Disponível: https://medium.com/@sapalbhaiya41/the-phenomenon-of- ipl-and-the-spectacular-cricket-culture-in-india-d1a97f7c2d3e. [Acedido em 28 Abr 2024].

[18] P. V. Dixit, "The Indian Premier League (IPL) and Its Transformative Impact on Indian Cricket: A Comprehensive Review of Available Literature," Journal of Survey in Fisheries Sciences, vol. 10, no. 1, Feb 2023.

[19] H. S. Desk, "IPL vaults into decacorn territory: O valor da marca dispara para 10 mil milhões", Hindustan Times, 22 de abril de 2024. [Em linha].Disponível: https://www.hindustantimes.com/cricket/ipl-vaults-into-decacorn-territory-brand-value- skyrockets-to-10-billion-

101713770877164.html. [Acedido em 22 Abr 2024].

[20] "Dream11: Revolutionising sports fan experience with technology", Dream Sports, [Online]. Disponível: https://www.dreamsports.group/newsroom/dream11-revolutionising- sports-fan-experience-with-technology/. [Acedido em 28 Abr 2024].

[21] B. B. Bureau, "A receita do Dream11 no ano fiscal de 23 ultrapassa ₹ 6.000 cr; o lucro salta para ₹ 188 cr," The Hindu BusinessLine, 20 de janeiro de 2024. [Online]. Disponível: https://www.thehindubusinessline.com/companies/dream11s-fy23-revenue-crosses-6000- cr-profit-jumps-to-188-cr/article67759655.ece. [Acedido em 28 Abr 2024].

[22] N. Thaker, "Dream11 transformou a fantasia (jogos) em realidade. Now It's Eyeing A Diversified Sports Tech Future", Forbes India, 8 de junho de 2022. [Online]. Disponível: https://www.forbesindia.com/article/sports-tech-special/dream11-turned-fantasy- (gaming)-into-reality-now-its-eyeing-a-diversified-sports-tech-future/77065/1. [Acedido em 28 Abr 2024].

[23] Pavaneshwar, "Dream11: Revolutionizing Fantasy Sports With Innovative Solutions," The Entrepreneur Today, [Online]. Disponível: https://theentrepreneurtoday.com/dream11- revolutionizing-fantasy-sports-with-innovative-solutions/. [Acedido em 28 Abr 2024].

[24] P. Rishe, "Sports Betting's Impact on Fan Engagement and Athletes Taking Ownership Of Personal Brand Creation Among 40 Contemporary Sports Business Insights From 2019", Forbes, [Online]. Disponível: https://www.forbes.com/sites/prishe/2020/12/29/40- contemporary-sports-business-insights-from-2019-part-1/. [Acedido em 28 Abr 2024].

[25] S. Team, "Dream11 Records INR 6,384 Crore Revenue and INR 188 Crore PAT in FY23," StartUp Article, [Online]. Disponível: https://startuparticle.com/business/2024/01/dream11-records-inr-6384-crore-revenue-inr- 188-crore-pat-fy23/. [Acedido em 28 Abr 2024].

[26] A. Sharma, "Dream11: Revolutionising sports fan experience with technology", YourStory, Nov 2021. [Online]. Disponível: https://yourstory.com/2021/11/dream11- technology-revolutionising-sports-fan-experience. [Acedido em 28 de abril de 2024].

[27] GeeksforGeeks, "Aplicações da aprendizagem automática", GeeksforGeeks, 5 de maio de 2023. [Online]. Disponível: https://www.geeksforgeeks.org/machine-learning-introduction/. [Acedido em 28 Abr 2024].

[28] "76182pic1.jpg," [Online]. Disponível: https://editor.analyticsvidhya.com/uploads/76182pic1.jpg. [Acedido em 28 Abr 2024].

[29] N. Duggal, "Os 10 principais aplicativos e exemplos de aprendizado de máquina em 2024", Simplilearn, 15 de fevereiro de 2024. [Online].Disponível: https://www.simplilearn.com/tutorials/machine-learning-tutorial/machine-learning-applications. [Acedido em 28 Abr 2024].

[30] Mungfali.com, "Exemplos de Aprendizagem Supervisionada Vs Não Supervisionada 78D," [Online]. Disponível: https://mungfali.com/post/78D01B285C7C80AEDCBDD5331CA60570BF1A0ED8/Sup ervised+vs+Unsupervised+Learning+Examples. [Acedido em 28 Abr 2024].

[31] A. Hussain, "K-Nearest Neighbors (KNN) and its Applications", Medium, [Online]. Disponível: https://medium.com/@arman_hussain786/k-nearest-neighbors-knn-and-its- applications-7891a4a916c6. [Acedido em 28 Abr 2024].

[32] M. Schott, "Algoritmo K-Nearest Neighbors (KNN) para aprendizagem de máquinas", Medium, [Online]. Disponível: https://medium.com/capital-one-tech/k-nearest-neighbors-knn- algorithm-for-machine-learning-e883219c8f26. [Acedido em 28 Abr 2024].

[33] S. Mohith, R. Guha, S. Khetarpaul e S. Saurabh, "Seleção de equipas utilizando abordagens estatísticas e gráficas para ligas de fantasia de críquete", na Conferência Internacional sobre Desafios de Investigação em Ciência da Informação, 2022.

[34] P. HV, C. Nandini, et al., "Abordagem da ciência dos dados para prever a equipa vencedora do Fantasy Cricket Dream 11 Fantasy Sports", 2022.

[35] K. Karthik, G. S. Krishnan, S. Shetty, S. S. Bankapur, R. P. Kolkar, T. S. Ashwin e M. K. Vanahalli, "Analysis and prediction of fantasy cricket contest winners using machine learning techniques," in Evolution in Computational Intelligence: Frontiers in Intelligent Computing: Teoria e Aplicações (FICTA 2020), 2020.

[36] S. Singla e S. S. Shukla, "Integer optimisation for dream 11 cricket team selection", International Journal of Computer Sciences and Engineering, vol. 8, no. 11, pp. 1-6, 2020.

[37] N. Ravichandran, N. Chengappa e P. R. Rebala, "Optimal IPL Playing 11 Team Selection", em 2023 IEEE 8th International Conference for Convergence in Technology (I2CT), IEEE, 2023.

[38] V. Joshi, Y. Padol, K. Sevekar, C. Sinha, e R. Shaikh, "IPL data analysis

and prediction using machine learning," Int J Sci Res Comput Sci Eng Inform Technology, 2023.

[39] N. Sondhi, "Understanding the Fantasy Cricket Player: An Emerging Market Perspective", em Trends in Marketing 2020, 2020.

[40] S. Naha, "Flight of fantasy or reflections of passion? Knowledge, skill and fantasy cricket", em Cricket in the 21st Century, Routledge, 2023, pp. 59-72.

[41] J. S. Rai, M. N. Itani, B. Dwyer, e A. Singh, "The Impact of Fantasy Cricket Motivational Factors on Participants' Media and Gambling Consumption Behaviour: Fantasy Team Attachment as a Mediator," Journal of Global Sport Management, pp. 1- 24, 2023.

[42] A. Deshbandhu e S. Sahni, "Repurposing a WhatsApp group: How a fantasy cricket group transformed into a site of care and support during India's second wave of Covid-19", Mobile Media & Communication, vol. 11, n.º 2, pp. 271-293, 2023.

[43] A. B. Hoskins, "Calculating expected win percentage of an Indian Premier League team", International Journal of Sports Science & Coaching, vol. 19, n.º 1, pp. 379-389, 2024.

[44] A. P. Nirmala, B. Gogoi, V. Asha, A. Naveen, A. Prasad e D. P. Reddy, "Analysis and Predictions of Winning Indian Premier League match using Machine Learning Algorithm", em 2023 IEEE 12th International Conference on Communication Systems and Network Technologies (CSNT), 2023.

[45] H. Malia, "Engaging Fans Beyond the Field: The Rise of Fantasy Cricket and Football Leagues", em Beyond Binary Minds: Navigating the Next Wave of AI Technology, Hawailian Malia, 2023.

[46] H. Malia, "Mastering IPL Fantasy Leagues: Strategies for Success", em Beyond Binary Minds: Navigating the Next Wave of AI Technology, Hawailian Malia, 2023.

[47] W. J. Brettenny, D. G. Friskin, J. W. Gonsalves, e G. D. Sharp, "A multi-stage integer programming approach to fantasy team selection: A Twenty20 cricket study," South African Journal for Research in Sport, Physical Education and Recreation, vol. 34, no. 1, pp. 13-28, 2012.

[48] B. Bhattacharjee e D. Bhattacharjee, "Comparing performance of different team selection methods using fantasy league scoring system", Int. J. Hum. Mov. Sports Sci., vol. 9, no. 6, pp. 1352-1361, 2021.

[49] M. Balpande, K. Mahajan, J. Bhandarkar, B. Kapadne e G. Borse, "Machine Learning Based IPL Fantasy Cricket Dream11 Best Team Prediction", em 2024 Conferência Internacional sobre Computação Inteligente Emergente e

Informática (ESCI), 2024.

[50] A. Adhikari, A. Majumdar, G. Gupta, e A. Bisi, "An innovative super-efficiency data envelopment analysis, semi-variance, and Shannon-entropy-based methodology for player selection: evidence from cricket," Annals of Operations Research, vol. 284, no. 1, pp. 1- 32, 2020.

[51] M. R. Raza, R. Shekhar e U. Singh, "Gaming and gambling: The era of dream11 and crashing dreams", Global Sports Policy Review, vol. 1, 2020.

[52] S. Choudhari, N. Wagholikar, A. Swaminathan e S. Kurhade, "Dream11 IPL Team Recommendation using Machine Learning and Skill-Based Ranking of Players," 2022 International Conference for Advancement in Technology (ICONAT), pp. 1-6, 2022.

[53] P. Sharma e N. KB, "Game of Skill vs Game of Chance-A Debate", Legal Spectrum Journal, vol. 1, 2021.

MIX
Papier aus verantwortungsvollen Quellen
Paper from responsible sources
FSC® C105338

Printed by Books on Demand GmbH, Norderstedt / Germany